Gemeinschaft der Kirchen und Petrusamt

Lutherisch-katholische Annäherungen

T0126874

Die Gruppe von Farfa Sabina

Gemeinschaft der Kirchen und Petrusamt

Lutherisch-katholische Annäherungen

EVANGELISCHE VERLAGSANSTALT
Leipzig

Bibliographische Information der Deutschen Nationalbibliothek
Die Deutsche Nationalbibliothek verzeichnet diese Publikation in der
Deutschen Nationalbibliographie; detaillierte bibliographische Daten
sind im Internet über http://dnb.dnb.de abrufbar.

© 2014 by Evangelische Verlagsanstalt GmbH · Leipzig
und Bonifatius GmbH Druck · Buch · Verlag Paderborn
Printed in Germany · H 7740

Die 1. Aufl. erschien 2010 im Verlag Otto Lembeck, Frankfurt am Main.

Das Buch wurde auf alterungsbeständigem Papier gedruckt.

Coverentwurf: Markus Wächter
Cover: Kai-Michael Gustmann, Leipzig
Satz: TypoStudio Jörg Mader, Butzbach
Druck und Binden: Hubert & Co., Göttingen

ISBN 978-3-374-02926-6   ISBN 978-3-89710-595-9
www.eva-leipzig.de   www.bonifatius-verlag.de

Inhalt

Vorwort.   9

Einleitung 13

**Kapitel I: Luthers Kritik an Papst und Papsttum
und die römische Reaktion.** 25
  A. Heilige Schrift, Tradition und Lehramt. . . . 26
    1. Luthers Berufung auf die Heilige Schrift
      und seine Kritik am Lehramt. 26
    2. Die römische Reaktion im 16. Jahrhundert
      und danach. 32
  B. Das Papstamt. 40
    1. Das vielschichtige Urteil der lutherischen
      Reformation über das Papstamt. 40
    2. Entwicklungen im katholischen
      Verständnis des Papstamtes 48

**Kapitel II: Die Papstdogmen des I. Vaticanum
(*Pastor Aeternus*).** 55
  A. Das unfehlbare Lehramt des Papstes 55
    1. Das Dogma 55
    2. Zur Hermeneutik des Dogmas. 56
    3. Der Inhalt des Dogmas. 57
    4. Hat das Konzil eine absolute, persönliche
      und separate Unfehlbarkeit des Papstes
      gelehrt? 61
    5. Das Dogma im II. Vaticanum 67

B. Die Universaljurisdiktion des Papstes   71
   1. Die päpstliche Universaljurisdiktion –
      Inhalt und Begrenzung.   73
   2. Die Ergänzungsbedürftigkeit des
      I. Vaticanum.   80
   3. Das I. Vaticanum im II. Vaticanum   82
C. Eine lutherische Antwort auf die
   Interpretationen von *Pastor Aeternus*   84
D. Notwendigkeit des Lehr- und Jurisdiktionsprimats? Eine ökumenische Reflexion.   89

Kapitel III: Konfessionelle Annäherungen zur
***communio ecclesiarum* und zum Dienst an der**
Einheit   93
A. *Communio ecclesiarum* und der Dienst an der
   Einheit in den lutherischen Kirchen   93
   1. Communio ecclesiarum –
      Inner-Lutherische Kirchengemeinschaft.   96
   2. *Communio ecclesiarum* weltweit.   99
B. *Communio ecclesiarum* und der Dienst an der
   Einheit in der Römisch-katholischen Kirche   103
   1. Ekklesiologische Leitlinien des Zweiten
      Vatikanischen Konzils   103
   2. Die Rolle der Lehre in den kirchen-
      rechtlichen Normen   108
      Exkurs: Zur Autorität und Verbindlichkeit
         römisch-katholischer Lehrtexte und
         kurialer Dokumente   116
   3. Der Jurisdiktionsprimat im gegenwärtigen
      römisch-katholischen Kirchenrecht.   118
   4. Theologische Erwägungen.   126
C. Appendix: Altkirchlicher Ehrenprimat und
   communio ecclesiarum – kurze konfessions-
   kundliche Übersicht.   131
   1. Der altkirchliche Ehrenprimat.   132

2. Orthodoxe Kirchen.   134
3. Anglikanische Gemeinschaft   137
4. Methodistische Kirchen   141

Kapitel IV: Verheißungen und Herausforde-
rungen.   145
A. Verheißungsvolle Entwicklungen.   146
  1. Montreal 1963: ein neuer Zugang zum
    Begriff *Tradition*   146
  2. Das II. Vaticanum: *Dei Verbum* und *Lumen*
    Gentium.   147
  3. Der lutherisch-katholische theologische
    Dialog.   154
    3.1. Der erste internationale lutherisch-
        katholische Dialog   154
    3.2. Der lutherisch-katholische Dialog in
        den USA   156
    3.3. Der Dialog zwischen der DBK und
        der VELKD.   159
    3.4. Der internationale lutherisch-katho-
        lische Dialog über die Apostolizität .   164
B. Herausforderungen   168
  1. Kirchesein der Lutheraner im Disput . . .   168
  2. Das Luthertum und die Katholizität der
    Kirche   172

Kapitel V: ,Ut unum sint': Auf dem Weg zu
einem erneuerten Petrusamt   175
A. Hermeneutische Prinzipien einer Relecture
  des I. Vaticanum (Zusammenfassung)   176
B. Folgerungen und Implikationen   182
  1. Neubewertungen.   182
    1.1. Neubewertung des Papstamtes durch
        die lutherischen Kirchen   182

    1.2. Die katholische Kirche und die
          communio ecclesiarum 183
    1.3. Folgerungen 184
  2. Auf dem Weg zu einem gemeinsamen
     Verständnis des Petrusdienstes 184
    2.1. Petrusamt und Konzil 184
    2.2. Einheits- und Hirtenamt 186
    2.3. Das Petrusamt im Dienst der
        Wahrheit 187

Abkürzungen 191

Mitglieder der Gruppe von Farfa Sabina 193

Vorwort

Mit der Vorlage dieses Dialogberichtes hat die *Lutherisch-katholische Gruppe von Farfa Sabina* das Ziel ihres fünfjährigen Studienprojekts über *Gemeinschaft der Kirchen und Petrusamt* erreicht. Als Antwort auf die Aufforderung des verstorbenen Papstes Johannes Paul II. an Kirchenführer und Theologen der Kirchen, „mit [ihm] einen brüderlichen, geduldigen Dialog aufzunehmen" über „die Formen …, in denen [das Einheitsamt des Bischofs von Rom] einen von den einen und anderen anerkannten Dienst der Liebe zu verwirklichen vermag" (Enzyklika *Ut Unum Sint* [1995], 96 u. 95), ergriff der Akademische Beirat des Internationalen Birgittenzentrums in Farfa Sabina die Initiative, im Jahre 2003 und 2004 zwei Symposia über das Petrusamt einzuberufen (siehe unten Anm. 3). Diese beiden Konferenzen zeigten eine entscheidende Bereitschaft bei allen (katholischen wie lutherischen) Beteiligten, ihre jeweiligen Traditionen im Lichte biblischer und historischer Forschung zu überprüfen mit dem Ziel, möglicherweise ein gemeinsames Verständnis eines universalkirchlichen Einheitsamtes zu erreichen.

Das positive Ergebnis der beiden Symposia ermutigte den Akademischen Beirat, einen permanenten Dialog über das Petrusamt und seine Bedeutung für die katholisch-lutherische Gemeinschaft zu initiieren. Deshalb wurde der Beschluss gefasst, eine aus 7 Katholiken und 7 Lutheranern aus Deutschland, Frankreich, Italien und Skandinavien bestehende *Permanente Arbeitsgruppe über das Petrusamt* ins Leben zu rufen und ihr dabei einen fünfjährigen Auftrag zu geben. Der Dialog der Gruppe von Farfa Sabina verdankt sich einer privaten Initiative, die freilich nicht ohne

Verbindung mit den bislang für die offiziellen lutherisch-katholischen Dialoge verantwortlichen kirchlichen Stellen (der *Päpstliche Rat zur Förderung der Einheit der Christen* und der *Lutherische Weltbund*) entfaltet wurde, und zwar mit dem Ziel, einer Annäherung zwischen den christlichen Konfessionen den Weg zu ebnen in einem Bereich, der sich, so sehr er ein offensichtliches Hindernis christlicher Einheit darstellt, in zunehmendem Maße als theologisch und kirchlich entscheidend erwiesen hat.

Beim Abschluss der Arbeit liegt es uns am Herzen, der *Fondazione di Farfa* und deren Präsidentin, der Generaläbtissin des Birgittenordens, *Mutter Tekla Famiglietti*, für ihr nie nachlassendes Interesse und die großzügige finanzielle Hilfe, die der Arbeitsgruppe ermöglicht hat, ihren Auftrag zu erfüllen, unseren ganz besonderen Dank auszusprechen. In dankbarer Erinnerung behalten wir ebenfalls die herzliche Gastfreundschaft und die praktische Hilfe, die uns von den Schwestern der Klöster in Camaldoli/Neapel und Farfa Sabina, wo die Gruppe ihre Plenarsitzungen hielt, und nicht weniger von den Schwestern des Birgittenklosters in Bremen, wo der Großteil der abschließenden Redaktionsarbeit stattgefunden hat, gewährt wurde. Für unschätzbare Hilfe bei der Korrektur und Drucklegung der deutschen Version des Berichtes sind wir den Kollegen Theodor Dieter, Hermann Joseph Pottmeyer, Bente Guldsborg und nicht zuletzt Johannes Brosseder zu großem Dank verpflichtet. Für Form und Inhalt des Textes zeichnet jedoch die gesamte Gruppe verantwortlich.

Angesichts der Fülle der Literatur über Papsttum und Petrusamt haben wir auf eine Bibliographie am Ende dieses Buches verzichtet und uns darauf beschränkt, unumgängliche Fachliteratur in den Anmerkungen zu dokumentieren.

Rom und Kopenhagen, den 8. Juli 2010

James F. Puglisi SA   Peder Nørgaard-Højen
Katholischer Vorsitzender   Lutherischer Vorsitzender

Einleitung

(1) Das Problem von Papsttum und kirchlicher Einheit gehört zu den dornigsten ökumenischen Problemen der Vergangenheit und der Gegenwart. Es ist ein Thema, das auch in den katholisch-lutherischen Beziehungen am schwierigsten zu lösen sein wird. Wenn die Kirchen jedoch in einer immer pluralistischer werdenden Welt die Unverwechselbarkeit des einen biblischen Zeugnisses zu Gehör bringen wollen, sind sie um der Glaubwürdigkeit dieser Botschaft willen herausgefordert, in und vor der Welt dieses Zeugnis und diesen Dienst gemeinsam und in Gemeinschaft untereinander zu versehen. Diese Gemeinschaft der Kirchen besteht derzeit nicht. Sie wiederherzustellen gehört zu den grundlegenden Verpflichtungen jeder christlichen Kirche. In dieser Situation ist es naheliegend, der Frage nachzugehen, ob das römisch-katholische Papstamt zu einem Amt universalkirchlicher Einheit weiterentwickelt werden kann, das tatsächlich der Gemeinschaft der Kirchen dient.

(2) Nach Jahrhunderten heftigster Kontroversen stimmen Lutheraner und Katholiken ganz gewiss nicht überein, was die Ausübung des Papstamtes anbelangt. Sie teilen freilich ein gemeinsames Anliegen von Wahrheit und ekklesialer Indefektibilität, das sich als ein gemeinsamer Ausgangspunkt einer künftigen Einigung über das Petrusamt herausstellen mag. Jüngere Entwicklungen in Kirche und Theologie wie in der Welt überhaupt bezeugen eine Änderung der Haltung auch dieser Frage gegenüber, zumindest unter ökumenisch orientierten Theologen und Kirchenführern auf beiden Seiten. Die Päpste Paul VI. und Johannes Paul II. wussten um die großen Schwierigkeiten, die das Papsttum

in ökumenischer Hinsicht darstellt und bereitet.[1] Fruchtbare und mutige ekklesiologische Beiträge so vieler katholischer, dem ökumenischen Anliegen tief verpflichteter Theologen haben eine ansteckende Wirkung gehabt und zu dem Wagnis angeregt, auch in der Papstfrage überkommene – und in der Sicht vieler – überholte Positionen neu zu durchdenken. Sie haben so ein Klima des Dialogs geschaffen, in dem Lutheraner sich bei der Auseinandersetzung über solch höchst kontroverse und in der Tat explosive Fragen wie Papsttum und Primat wohler fühlen können. Gleichzeitig hat dies auch zu der Einsicht verholfen, dass die Anhänger der Reformation vielleicht oft eher Opfer von Vorurteilen waren denn in Übereinstimmung mit den Reformatoren selber.

(3) Die Veränderungen in der Einstellung zur Möglichkeit eines gemeinsamen Verständnisses eines Amtes universalkirchlicher Einheit schaffen in der Tat eine versöhnliche Atmosphäre für die Kommunikation zwischen den Kirchen, obwohl sie die faktische historische Entwicklung weder ungeschehen noch ungültig machen oder die schwere Hypothek der Vergangenheit tilgen können. Vergangene Geschichte kann weder annulliert noch revidiert werden; sie bleibt, was sie ist, und es ist unsere Aufgabe, das Geschehene ehrlich zu erkennen. Wir sind mit einem mit gegenseitiger Schuldzuweisung, Arroganz und Machtambitionen belasteten und bedrückenden Erbe konfrontiert. Unter glücklichen Umständen aber mag Geschichte überwunden werden in dem Sinne, dass Lutheraner und Katholiken ihre gemeinsame Vergangenheit einschließlich ihrer Fehlgriffe, ihrer Unvollkommenheiten oder gar Feindseligkeiten auf sich nehmen und einen gemeinsamen Ausgangspunkt errei-

---

1 Siehe *T. F. Stransky and J. B. Sheerin*, Doing the Truth in Charity: Statements of Pope Paul VI, Popes John Paul I, John Paul II, and the Secretariat for Promoting Christian Unity, 1964–1980, New York 1982, 273.

chen, von dem her die Aussicht auf ein vernünftiges Gespräch mit dem Ziel einer fruchtbaren kirchlichen Gemeinschaft möglich erscheint.[2]

(4) Es gilt, entschlossen auf eine *gemeinsame* Zukunft hin zu arbeiten, in der aus ökumenischen Absichtserklärungen eine die Kirchen *bestimmende* Realität wird. Bei feierlichen Anlässen bereitet es den Kirchen zumeist keine Schwierigkeiten, verbal einen Schluss-Strich unter die Spannungen vergangener Tage zu ziehen; sehr oft ist dies jedoch nur ein scheinbarer Schluss-Strich, der keinerlei binnenkirchliche und ökumenische Auswirkung hat, da in aller Ruhe so fortgefahren wird, als sei nichts geschehen. Keiner sollte so blind sein, um nicht zu sehen, dass dies in aller Regel die gegenwärtige ökumenische Situation kennzeichnet. In dem Umfang, in dem dies tatsächlich der Fall ist, bleibt jeder ökumenische Fortschritt erheblich beeinträchtigt. Die Kirchen bedürfen eines tiefgehenden Wandels in ihrer Haltung zueinander; Johannes Paul II. hätte es *Umkehr* genannt, ohne die alle interkonfessionellen Bemühungen vergeblich sind. Diese dienen in einer Zeit, die mit Erfolg versucht, die offizielle ökumenische Verpflichtung mit einer entschlossenen Stärkung traditioneller konfessionalistischer Positio-

---

2 Einen guten Eindruck nachkonziliarer Fortschritte im Blick auf das Papstamt bietet *H. Leipold*: „Der Überblick über die *neueren Dialoge* über das *Papstamt* zeigt, daß mit dem II. Vatikanum in einer neuen Situation der ökumenischen Begegnung und der Gespräche mit der Römisch-katholischen Kirche vieles neu in Bewegung gekommen ist. Die ökumenischen Dialoge trugen dazu bei, Mißverständnisse zu klären, frühere gravierende Lehrgegensätze in einigen Bereichen zu überwinden, in anderen Annäherungen herbeizuführen, so daß auch ein *Grundkonsens* neben einem bis in die Wurzel reichenden *Dissens* hervortrat. Bei allem im Dialog über das Papstamt deutlich gewordenen bleibenden Dissens besteht für die reformatorischen Kirchen die entscheidende Veränderung ihrer Erfahrung mit dem Papsttum darin, daß sie in ihm heute den Dienst am Evangelium wahrnehmen und anerkennen können" (TRE 25, 692).

nen zu verbinden, oft nur als ökumenisches Alibi. Auf diese unhaltbare Situation ist zumindest aufmerksam zu machen.

(5) Vor dem Hintergrund eines wachsenden Interesses an der Frage des Papsttums haben die im Vorwort erwähnten Konferenzen für ökumenische Fachleute[3] und die anschließend errichtete *Gruppe von Farfa Sabina* Überlegungen und Reflexionen zum Petrusamt im Kontext einer *communio ecclesiarum* angestellt, die hiermit der Öffentlichkeit zugänglich gemacht werden.

(6) In den Überlegungen hat sich herausgestellt, dass Lutheranern und Katholiken trotz aller Unterschiede im Verständnis des Papstamtes wesentliche Überzeugungen und fundamentale Übereinstimmungen gemeinsam sind, die als Ausgangspunkt einer künftigen Verständigung dienen könnten:

– Der Kirche gilt die Verheißung, in der Wahrheit erhalten zu bleiben (vgl. Joh 16,13; Matth 16,18; 28,20; bezeugt in zahlreichen Texten nicht nur katholischer, sondern auch lutherischer Tradition [allen voran *Confessio Augustana*, Art. 7]).[4] So ist es gemeinsame katholische und lutherische Überzeugung, dass die Kirche als eine Gemeinschaft von Gläubigen (*communio sanctorum*) in ihrer Gesamtheit in der Wahrheit erhalten und niemals aus ihr herausfallen wird (*sensus fidelium*). Sie mag gelegentlich allen möglichen Fehlern und Niederlagen zum Opfer fallen und sogar ihren Herrn und Heiland verra-

---

3 Diese Konferenzen sind dokumentiert in *J. F. Puglisi* (ed.), How Can the Petrine Ministry Be a Service to the Unity of the Universal Church? Grand Rapids, Michigan/Cambridge, U.K. 2010.

4 Übereinstimmung in dieser Frage war in den lutherisch-katholischen Dialogen vom ersten Anfang an deutlich, z. B. Malta-Bericht 22: „… Lutheraner und Katholiken (sind) der Überzeugung, daß die Kirche vom Heiligen Geist unablässig in die Wahrheit eingeführt und in ihr gehalten wird. In diesem Zusammenhang müssen die in der katholischen Tradition geläufigen Begriffe Indefektibilität und Infallibilität verstanden werden" (DwÜ I, 254).

ten, aber sie wird nie aufhören, Kirche zu sein. Diese Glaubenstatsache wird im traditionellen Konzept der *indefectibilitas*, bzw. der *perennitas ecclesiae*, im lutherischen Kontext im Begriff der *ecclesia mansura* ausgedrückt.

– In Übereinstimmung mit dieser Verheißung sowie dem trinitarischen Ursprung und der Natur der Kirche entsprechend, aber auch um ihres Zeugnisses und Dienstes willen bedarf die Gemeinschaft der Gläubigen einer sichtbaren und erkennbaren Einheit; sie bedarf konkreter Einrichtungen, die diese Einheit sichern und aufrechterhalten.

– Daher hat Gott das apostolische Amt als einen „Dienst der Versöhnung" (2 Kor 5,18–20) und so als ein spezifisches Instrument zur Förderung und Stärkung der einen Kirche eingesetzt, indem es wachsam (ἐπισκοπεῖν [episkopein], ἐπισκοπή [episkopè]) für die Weitergabe der apostolischen Botschaft sowie die Bewahrung kirchlicher Einheit Sorge trägt.

(7) Im Laufe der Geschichte ist dieses Amt der ἐπισκοπή (episkopè) persönlich, kollegial und im Rahmen von Synoden und Konzilien wie auch auf verschiedenen Ebenen (lokal, regional, universal) ausgeübt worden.

(8) Auf der Ebene der örtlichen Kirchenleitung wird das Amt von einem Pastor/Pfarrer ausgeübt, der gewiss als Christ „in" der Gemeinschaft steht, gleichzeitig aber kraft seines Amtes ihr „gegenüber". Der Vereinigung etlicher Ortsgemeinden (Propstei, Dekanat) steht ein *Propst, Dechant bzw. Dekan, Erzpriester* oder *Moderator* vor. Leitung auf der nächst höheren territorialen Ebene, in einer Diözese, Nationalkirche oder Kirchenprovinz, wird von einem Bischof oder einem entsprechenden Amtsinhaber ausgeübt. Im Bischofskollegium eines Landes mag einer der Bischöfe als *primus inter pares* fungieren.

(9) Auf der universalen Ebene der Kirche ist die Institution eines Primats den meisten Konfessionen keineswegs fremd, obwohl hier die Unterschiede besonders markant sind. Bei Katholiken, Orthodoxen und Anglikanern ist sie mit dem Bischofssitz einer besonderen Stadt verbunden. So ist in der Römisch-katholischen Kirche der Bischof von Rom Träger des päpstlichen Primats in Lehre und Jurisdiktion. In den orthodoxen Kirchen des Ostens ist der Bischof von Konstantinopel der Ökumenische Patriarch, während die anglikanischen Kirchen in dem Erzbischof von Canterbury ihren Primas besitzen. In den orthodoxen und anglikanischen Kirchen sind ein *Ehrenvorrang* und mindestens *eine symbolische Rolle der Einheit* mit diesem Amt verbunden. Die Situation ist in den meisten anderen Kirchen (z.B. den lutherischen) bedeutend anders. Ein klares Bewusstsein ihrer weltweiten, universalen Gemeinschaft entwickelte sich hier verhältnismäßig spät und führte im späten 19. und besonders in der ersten Hälfte des 20. Jahrhunderts zur Bildung konfessioneller Weltfamilien oder Weltbünde. Obwohl ihre Strukturen vom Typ her hauptsächlich gemeinschaftlich, synodal oder konziliar sind, haben sie besondere Leitungsformen mit einem gewissen Anflug von Primat nicht vermieden (z.B. in der Form der Ämter als Präsident oder Generalsekretär).

(10) Wie im säkularen Bereich alle Institutionen eine Leitung besitzen, so wäre auch für die Einheit der Kirche in der *communio ecclesiarum* eine rein pragmatische Lösung eines Amtes universalkirchlicher Einheit durchaus denkbar. Aber eine solch pragmatische Lösung geht am Kern des Problems vorbei. Die primäre theologische Kontroverse gilt nämlich der Frage der fundamentalen und konstitutiven Notwendigkeit eines universalen Einheitsamtes für das Kirchesein von Kirche. Hier scheint sich jedoch allmählich eine gemeinsame Überzeugung anzubahnen, dass

1. solch ein Primat für das Heil nicht notwendig ist, und dass
2. solch ein Primat nur notwendig ist für die Einheit der Kirche und nicht das Kirchesein von Kirche konstituiert.

(11) Doch beim zuletzt genannten Punkt herrscht noch keine unmissverständliche Klarheit. Neuere katholische Aussagen (z. B. im Dialog mit der Anglikanischen Gemeinschaft) sehen wichtige Perspektiven des Amtes des Universalprimates als konstitutiv für die Kirche als solche an. Hier muss Klarheit hergestellt werden, bevor eine lutherische Zustimmung zu einer *necessitas primatus universalis* möglich ist.[5] Im Lichte neuerer theologischer und ökumenischer Entwicklungen scheint die Möglichkeit einer solchen Klärung nicht von vorne herein aussichtslos zu sein. Wie kann, wenn christliche Einheit eine der primären ‚Notwendigkeiten der Kirche‘ ist, der päpstliche Primat so gestaltet werden, dass er dieser *necessitas ecclesiae* entgegenkommt?[6]

(12) Trotz aller Fortschritte in der Beziehung zwischen den Konfessionen erhebt sich jedoch nach wie vor die Schlüsselfrage, ob das Papstamt im allgemeinen und der

---

5 Siehe Kap. III.2.1.
6 Dieses fundamentale Prinzip wurde auch folgendermaßen von der Glaubenskongregation zum Ausdruck gebracht: „I contenuti concreti del suo esercizio caratterizzano il ministero petrino nella misura in cui esprimono fedelmente l'applicazione alle circostanze di luogo e di tempo delle esigenze della finalità ultima che gli è propria (l'unità della Chiesa). La maggiore o minore estensione di tali contenuti concreti dipenderà in ogni epoca storica dalla *necessitas Ecclesiae*. Lo Spirito Santo aiuta la Chiesa a conoscere questa *necessitas* ed il Romano Pontefice, ascoltando la voce dello Spirito Santo nelle Chiese, cerca la risposta e la offre quando e come lo ritiene opportuno," in: *Congregazione per la Dottrina della Fede*, Il primato del successore di Pietro nel ministero della Chiesa. Considerazioni della Congregazione per la Dottrina della Fede, testo e commenti ([Città del Vaticano]: Libreria Editrice Vaticana, 2002) No. 12.

päpstliche Anspruch auf Universalprimat und Unfehlbarkeit im besonderen in der Form, in der sie sich nach der Reformation entwickelt haben, noch als kirchentrennend anzusehen sind.

(13) Auf dem Hintergrund gemeinsamer Überzeugungen und der höchst unterschiedlichen Gegebenheiten von Ämtern kirchlicher Einheit in einzelnen Kirchen wollen die Bemühungen der *Gruppe von Farfa Sabina über das Petrusamt* verstanden werden als eine bescheidene Antwort auf die Anregung der Konferenz von *Glauben und Kirchenverfassung* in Santiago de Compostela im Jahre 1993 und auf die von Johannes Paul II. in seiner Enzyklika *Ut unum sint* vom 25. Mai 1995[7] ausgesprochene Einladung an „die kirchlichen Verantwortlichen und … Theologen" in Kirchen, mit denen die Römisch-katholische Kirche sich in einer „bereits bestehende(n), wenn auch unvollkommene(n) Gemeinschaft" befindet, „mit (ihm) einen brüderlichen, geduldigen Dialog aufzunehmen" über das Einheitsamt des Bischofs von Rom (UUS 88 ff, bes. 96), und zwar mit der ausdrücklichen Absicht, nutzlose Kontroversen aufzugeben, überkommene Vorurteile zu überwinden und der Frage ernsthaft nachzugehen, wie Christen gemeinsam „eine Form der Primatsausübung … finden (können), die zwar keineswegs auf das Wesentliche ihrer Sendung verzichtet, sich aber einer neuen Situation öffnet" (UUS 95; vgl. 89).

(14) Der Tatsache bewusst, dass das Amt des Bischofs von Rom als sichtbares Zeichen und Garant kirchlicher Einheit „eine Schwierigkeit für den Großteil der anderen Christen (darstelle), deren Gedächtnis durch gewisse

---

7   *Ut unum sint*, Enzyklika von Papst Johannes Paul II. über den Einsatz für die Ökumene, Vatikanstadt [25. Mai 1995]. Auch in: AAS 87 (1995), 921–982.

schmerzliche Erinnerungen gezeichnet ist"[8], lässt der Papst auf der anderen Seite keinen Zweifel über den katholischen Ausgangspunkt aufkommen, der aber gerade das ökumenische Problem darstellt:

Die katholische Kirche hält sowohl in ihrer *Praxis* wie in den offiziellen Texten daran fest, daß die Gemeinschaft der Teilkirchen mit der Kirche von Rom und die Gemeinschaft ihrer Bischöfe mit dem Bischof von Rom ein grundlegendes Erfordernis – im Plan Gottes – für die volle und sichtbare Gemeinschaft ist. In der Tat muß die volle Gemeinschaft, deren höchste sakramentale Bekundung die Eucharistie ist, ihren sichtbaren Ausdruck in einem Amt finden, in dem alle Bischöfe sich vereint in Christus anerkennen und alle Gläubigen die Stärkung ihres Glaubens finden. Der erste Teil der Apostelgeschichte stellt uns Petrus als den vor, der im Namen der Apostelgruppe spricht und der Einheit der Gemeinschaft dient – und das unter Achtung der Autorität des Jakobus, des Oberhauptes der Kirche von Jerusalem. Diese Aufgabe des Petrus muß in der Kirche bestehen bleiben, damit sie unter ihrem einzigen Haupt, das Christus Jesus ist, in der Welt die sichtbare Gemeinschaft aller seiner Jünger ist.[9]

(15) Ohne freilich theologische Einzelheiten zu präjudizieren, beschloss die Gruppe von Farfa Sabina, die Einladung des Papstes anzunehmen und die Frage auf die Tagesordnung zu setzen. Diese war desto einleuchtender, je mehr im Laufe der lutherischen Geschichte der immer schmerzlicher gewordene Mangel eines universalen Einheitsamtes einen gewissen Provinzialismus und Nationalismus und deshalb auch Isolation zur Folge gehabt hatte. Noch dazu wurde man sich in zunehmendem Maße der Tatsache bewusst, dass die lutherischen Reformatoren grundsätzlich nichts gegen das Papsttum einzuwenden hatten, vorausgesetzt, es unterstelle sich dem Primat des Evangeliums und

---

8   UUS 88; der Papst fügt eine Bitte um Vergebung hinzu: „Soweit wir dafür verantwortlich sind, bitte ich mit meinem Vorgänger Paul VI. um Verzeihung." Vgl. auch UUS 95.

9   UUS 97.

werde dementsprechend theologisch interpretiert und praktisch strukturiert.[10] Außerdem scheint – ungeachtet aller historischen Ungewissheiten und theologischen Schwierigkeiten im Blick auf Ursprung und Anspruch päpstlicher Autorität – die zentrale und leitende Rolle des Bischofs von Rom im Laufe christlicher Geschichte an Gewicht und ökumenischem Interesse zu gewinnen.[11]

(16) In diesem Licht stellte sich die Gruppe von Farfa Sabina zu Beginn ihrer Studien der Frage: Wie könnte sich das historisch gewordene gegenwärtige Papstamt zu einem Instrument zur Bewahrung der Einheit nicht nur der Römisch-katholischen Kirche, sondern auch in der Universalkirche (im Sinne einer *communio ecclesiarum*) entwickeln

10 Seit Beginn des katholisch-lutherischen Gespräches ist dies ein Diskussionsthema gewesen: „In verschiedenen Dialogen zeichnet sich … die *Möglichkeit* ab, daß auch das Petrusamt des Bischofs von Rom als sichtbares Zeichen der Einheit der Gesamtkirche von den Lutheranern nicht ausgeschlossen zu werden braucht, ‚soweit es durch theologische Reinterpretation und praktische Umstrukturierung dem Primat des Evangeliums untergeordnet wird'." Das geistliche Amt in der Kirche [1981] 73. DwÜ I, 353; vgl. Malta-Bericht [1972] 66, DwÜ I, 266. Siehe jetzt auch *W. Kasper*, Harvesting the Fruits. Aspects of Christian Faith in Ecumenical Dialogue, London/New York 2009, 48–158.

11 „Es ist ein Faktum der Geschichte des Christentums, daß seit dem Ende der Jerusalemer Urgemeinde Rom das historische Zentrum der Christenheit geworden ist. Wenn irgendein christlicher Bischof in Situationen, in denen das erforderlich sein sollte, für die ganze Christenheit sprechen kann, dann wird das wohl am ehesten der Bischof von Rom sein. Trotz aller bitteren Auseinandersetzungen infolge des chronischen machtpolitischen Mißbrauchs der Autorität Roms gibt es hier keine realistische Alternative. Das ist heute sowohl der Weltöffentlichkeit als auch den meisten Kirchen der Christenheit bewußt. Die Tatsache dieses Vorrangs der römischen Gemeinde und ihres Bischofs in der Christenheit sollte unbefangen anerkannt werden." *W. Pannenberg*, Systematische Theologie III, Göttingen [Vandenhoeck & Ruprecht] 1993, 458. Siehe jetzt auch *Kirche und Kirchengemeinschaft.* Bericht der Internationalen Römisch-Katholisch – Altkatholischen Dialogkommission, Paderborn u. Frankfurt am Main 2009, 19–28.

und dabei seinen eigenen fundamentalen Prinzipien, die vor allem in den dogmatischen Aussagen der beiden Vatikanischen Konzilien ausgedrückt sind, treu bleiben? Die Gruppe unterschied dabei deutlich zwischen der historischen und aktuellen Gestaltung des Papsttums und dem dogmatischen Inhalt des Petrusamtes als eines Einheitsdienstes für alle Kirchen.

(17) Diese fundamentale Frage war auch richtunggebend für den *modus procedendi* der Farfaer Initiative: Eine Gruppe von lutherischen Theologen und Kirchenrechtlern stellte sich in Zusammenarbeit mit katholischen Kolleginnen und Kollegen der Aufgabe, die grundlegenden historischen Texte, die die römisch-katholische Sicht des Papstamtes und seine Rolle im Leben der Kirche(n) definieren, erneut und gründlich zu untersuchen. Ein solch wiederholtes, gründliches und gemeinsames Studium der Schlüsseltexte des Ersten und Zweiten Vatikanischen Konzils im Lichte neuerer katholischer Theologie und in der Absicht der Überwindung dessen, was nach wie vor eine Einigung zwischen Katholiken und Lutheranern hindert, erschloss neue Wege zu einem differenzierten Verständnis des päpstlichen Primats, das zu einer neuen Sicht von Unfehlbarkeit und Universaljurisdiktion führte, die als theologische Grundlage einer Annäherung zwischen den beiden Kirchen und einer möglicherweise künftigen lutherischen Anerkennung eines universalen Einheitsamtes im Dienste der *communio ecclesiarum* dienen könnte.

Kapitel I:
Luthers Kritik an Papst und Papsttum und die römische Reaktion

(18) Die lutherische Reformation setzt nicht mit einer Ablehnung des Papstamtes ein. Auch wenn *Luthers* Ablassthesen von 1517 wiederholt von den Grenzen der geistlichen Vollmacht des Papstes sprechen, kann zu der Zeit und in den nahezu zwei Jahren danach von einer Infragestellung des Papstamtes nicht die Rede sein. Inmitten allen Streites trifft man auf Aussagen Luthers, die mit Nachdruck zugunsten des Papstes, des päpstlichen Amtes und der päpstlichen Autorität sprechen. Er habe in seiner Frühzeit „aufrichtig nicht anders über den Papst, die Konzile und die Universitäten gedacht (…), als man gemeinhin tat", kann Luther im Juni 1521 in seiner Schrift gegen Jakob Latomus sagen, der ihm seine ehrerbietige Haltung gegenüber dem Papst als Scheinheiligkeit vorgeworfen hatte.[12] Das feste Beharren auf seinen reformatorischen Überzeugungen einerseits und die Bejahung des Papstamtes andererseits werden von ihm nicht als Gegensatz empfunden. Und darum weigert er sich, hier jenen unversöhnlichen Widerspruch zu sehen, den seine Gegner aufzeigen möchten und der für sie sehr bald zum Angelpunkt ihrer Kritik wird. Die Infragestellung und Ablehnung des Papstamtes setzen bei Luther zögernd ein, verbinden sich sehr bald, wenn auch zunächst nur andeutungsweise und hypothetisch-konditionell mit dem „Antichrist"-Gedanken, brechen dann aber in den Monaten Juni bis Oktober 1520 voll durch. Seitdem scheint alles, was er

---

12   WA 8, 45.

über Papst und Papstamt sagt, ganz im Zeichen der „Antichrist"-Diagnose zu stehen, die seine Schriften bis an sein Lebensende durchzieht.

(19) Luther ist zum Nachdenken über die Frage des Papsttums durch seine Gegner gedrängt worden, als der Konflikt um materiale dogmatische Fragen wie das rechte Verständnis des Ablasses sich zur Frage nach den Autoritäten im Lehrstreit entwickelte.

A. Heilige Schrift, Tradition und Lehramt

1. Luthers Berufung auf die Heilige Schrift und seine Kritik am Lehramt

(20) Als Martin Luther am 31. Oktober 1517 Freunde und Kollegen zu einer Disputation über den Ablass nach Wittenberg einlud und zu diesem Zweck 95 Thesen verfasste, die er auch Albrecht von Brandenburg, dem Erzbischof von Magdeburg und Halberstadt, der wegen der berühmt berüchtigten Vorgänge um die Erlangung eines weiteren Bistums, nämlich des Erzbistums Mainz (seit 1514), der eigentliche Auslöser für den Ablassstreit war[13], zukommen ließ, kam eine erste offiziöse Reaktion auf Luthers Thesen durch den päpstlichen Hoftheologen Sylvester Prierias OP in dem allzu rasch verfassten Werk *Dialogus de potestate Papae in Lutheri Conclusiones*[14] im Jahre 1518. Der Eingangsteil[15]

---

13 B. *Lohse*, Albrecht von Brandenburg und Luther, in: Erzbischof Albrecht von Brandenburg (1490–1545). Ein Kirchen- und Reichsfürst der Frühen Neuzeit, hrsg. v. F. Jürgensmeier, Frankfurt a. M. 1991, 73–83.

14 In: Erlanger Ausgabe: D. Martini Lutheri opera latina varii argumenti ad reformationis historiam imprimis pertinentia, Bd. I, Frankfurt am Main-Erlangen 1865, 344 ff.

15 Auch in: Quellen zur Geschichte des Papsttums und des römischen Katholizismus, 1.–5. Aufl., hrsg. C. *Mirbt*, 6. Aufl. hrsg. K. *Aland*,

dieses Dialogs ist äußerst bemerkenswert. Prierias nennt darin vier Fundamente, welche dann auch die künftige Konfliktlinie markierten:

– der Papst sei das Haupt aller Kirchen;
– in Glaubens- und Sittenfragen könne der Papst nicht irren;
– nur durch die Gewalt des Papstes habe die Heilige Schrift Kraft und Geltung in der Kirche und schließlich:
– wer sage, die Kirche könne das nicht tun, was sie faktisch macht, habe als Häretiker zu gelten.

(21) Luther antwortet auf diesen *Dialogus* mit einer nicht minder rasch geschriebenen Antwort.[16] Er begegnet den „Fundamenten" des Prierias, die er einfach übergeht, mit drei sehr geschickt gewählten anderen „Fundamenten":

– Zunächst antwortet er mit zwei Verweisen auf die Heilige Schrift; er verweist auf 1 Thess 5,21 („Prüfet alles und das Gute behaltet") sowie auf Gal 1,8 („Selbst wenn ein Engel vom Himmel euch ein anderes Evangelium bringen würde als das, welches ihr empfangen habt, dann sei er ausgeschlossen"); mit Schriftzitaten verweist Luther auf das Evangelium als alleinige Norm kirchlichen Lehrens und Handelns.
– Sodann verweist Luther auf Augustinus, der allein die biblischen Bücher für irrtumsfrei hält.
– Schließlich verweist Luther auf das Kirchenrecht, welches es nicht erlaubt, dem Volk anderes als das, was in der Heiligen Schrift enthalten ist, vorzutragen.[17]

Bd. I: Von den Anfängen bis zum Tridentinum, Tübingen 1967, Nr. 787.

16 Ad Dialogum Silvestri Prieriatis de potestate papae responsio (1518), in: WA 1, 644–686.

17 Vgl. *M. Brecht*, Martin Luther. Sein Weg zur Reformation 1483–1521, Stuttgart 1981, 235 f.

(22) Die Fundamente des Prierias sind nach Luthers ausdrücklicher Aussage ohne jedes Fundament in der Heiligen Schrift, bei den Kirchenvätern und im kanonischen Recht.[18] Außerdem gäbe es für sie auch keine Vernunftgründe. Luther wusste sich also in Übereinstimmung mit den wichtigsten kirchlichen Autoritäten, welche die Heilige Schrift als Norm kirchlichen Lehrens und Handelns angaben.[19] Der ganze Konflikt zwischen der papalistisch-römischen Partei des 16. Jahrhunderts (andere Parteien, wie z. B. die konziliare, gab es ja damals durchaus) und Luther leuchtet in der Auseinandersetzung zwischen Prierias und Luther im Jahre 1518 gewissermaßen schon schlaglichtartig auf. Es ging in diesem Streit um Grundsätzliches, das im weiteren Verlauf der Reformation in folgenden Fragen noch profilierter zum Ausdruck kommt:

— Welches ist die inhaltliche Norm für das, was in der Kirche gelten soll: das Wort der Heiligen Schrift (so Luther) oder das Wort der kirchlichen Autorität, hier also des

---

18 „ … sine scriptura, sine patribus, sine canonibus, denique sine ullis rationibus" (WA 1, 647, 32–33).

19 Schon Thomas von Aquin hatte unter Berufung auf Augustinus ein „Allein die Schrift" gelehrt, denn nach ihm steht das, was glaubensverbindlich ist, vollständig und ausdrücklich in der Schrift („Innititur enim fides nostra revelationi Apostolis et Prophetis factae, qui canonicos libros scripserunt: non autem revelationi, si qua fuit aliis doctoribus facta", STh I 1,8 ad 2; B. Decker, Sola Scriptura bei Thomas von Aquin, in: Universitas. Dienst an Wahrheit und Leben. Festschrift für Bischof Albert Stohr, hrsg. v. L. Lenhart, Mainz 1960, Bd. I, 117–129; B. Decker, Schriftprinzip und Ergänzungstradition in der Lehre des hl. Thomas von Aquin, in: Schrift und Tradition, hrsg. v. Deutsche Arbeitsgemeinschaft für Mariologie, H. J. Brosch, Essen 1962, 191–221; Y. Congar, „Traditio" und „sacra doctrina" bei Thomas von Aquin, in: Kirche und Überlieferung, hrsg. v. J. Betz und H. Fries, Freiburg-Basel-Wien 1960, 170–210; O. H. Pesch, Theologie der Rechtfertigung bei Martin Luther und Thomas von Aquin, Mainz 1967, 728 und 877 f; O. H. Pesch, Das Zweite Vatikanische Konzil (1962–1965), Würzburg ²1994, 280).

Papstes (so Prierias und im weiteren Verlauf des Konfliktes die Theologen der päpstlichen Partei)?
– Kommt der Heiligen Schrift als Wort Gottes eine kriteriologische Funktion zu, an dem sich das Wort der Kirche als menschliches Wort zu orientieren hat?
– Wo kann die zum Heil notwendige Wahrheit gefunden werden, in der apostolischen Überlieferung der Heiligen Schrift oder auch in der nachapostolischen kirchlichen Lehr- und Gottesdienstüberlieferung?
– Wie steht es um eine sachgerechte Auslegung der Heiligen Schrift? Ist diese nur dem päpstlichen Lehramt vorbehalten oder sind auch andere zu einer solchen in der Lage? Ist die Heilige Schrift hell und klar, oder bedarf es des päpstlichen Lehramtes, um dunkle Stellen der Schrift zur Klarheit zu führen?

(23) Die Fragen haben sich in dieser Gegensätzlichkeit aufgedrängt, nicht zuletzt deshalb, weil die Äußerungen des Prierias als offizielle Haltung Roms verstanden wurden. Dies war jedoch keineswegs selbstverständlich, da das kanonische Recht auch für andere Interpretationen offen war. In der heftigen Auseinandersetzung jener Zeit wurde die Möglichkeit eines grundlegenden theologischen Dialogs nicht wahrgenommen.

(24) In seinem Ansatz erweist sich Luther keineswegs als biblischer Fundamentalist, der sich nur auf isolierte einzelne Bibelstellen beruft. In seiner Schrift *Von Menschenlehre zu meiden* von 1522 sagt Luther ausdrücklich, dass überhaupt kein Zweifel daran bestehen könne, dass die ganze Heilige Schrift auf Christus allein ausgerichtet ist.[20] In *De servo arbitrio* von 1525 entgegnet er Erasmus: „Tolle Christum e scripturis, quid amplius in illis invenies?"[21] Christus ist das

---

20 WA 10/II, (61–71) 72–92, hier 73, 15 f.
21 WA 18, (551–599) 600–787, hier 606, 29.

menschgewordene Wort Gottes; und indem die Schrift nur diesen einzigen Inhalt, Jesus Christus, hat, ist sie Wort Gottes. Nicht minder eindeutig ist Luther in der *Auslegung des 1. Petrusbriefes* von 1523: alles, was die Apostel geschrieben haben, sei ein einziges Evangelium.

> Evangelium aber heißt nichts anderes, denn ein Predigt und Geschrei von der Gnad und Barmherzigkeit Gottes, durch den Herrn Jesum Christum mit seinem Tod verdient und erworben, und ist eigentlich nicht das, was in Büchern steht und in Buchstaben verfasst wird, sondern mehr eine mündliche Predigt und lebendig Wort, und eine Stimme, die da in die ganze Welt erschallt und öffentlich wird ausgeschrieen, dass man es überall hört.[22]

(25) Schon 1522 hatte Luther in der *Kirchenpostille* in einer geistlich-theologischen Reflexion über die Bedeutung von Mt 2,1–12 gründlicher formuliert, warum ein Neues Testament notwendig wurde:

> Es sei gar nicht neutestamentlich, Bücher über die christliche Lehre zu schreiben, es sollten vielmehr ohne Bücher an allen Orten gute, gelehrte geistliche und fleißige Prediger geben, die das lebendige Wort aus der alten Schrift (= Altes Testament) zögen und dem Volk „fürbleueten", wie es die Apostel getan hätten; denn ehe sie schrieben, hätten sie zuvor die Leute mit leiblicher Stimme „bepredigt" und bekehrt, welches ihr eigentlich apostolisch und neutestamentlich Werk gewesen sei. Dass aber Bücher geschrieben werden mussten, sei ein großer Abbruch und ein Gebrechen des Geistes; die Not habe dieses erzwungen und sei nicht die Art des Neuen Testaments; denn an Stelle der frommen Prediger seien Ketzer und falsche Lehrer aufgestanden, die mancherlei Irrtum verbreitet und den Schafen Christi Gift anstatt Weide gegeben hätten; da musste dann das Letzte versucht werden, das zu tun notwendig war, damit etliche Schafe vor den Wölfen errettet würden; da fing man dann an zu schreiben, um durch die Schrift, soviel wie möglich, die Schäflein Christi in die Schrift zu führen und dafür Sorge zu tragen, dass die

---

22 WA 12, 259–399, hier 259, 7–13 (hier modernes Deutsch).

Schafe sich selbst weiden können, um vor den Wölfen bewahrt zu werden, wenn ihre Hirten nicht weiden oder zu Wölfen werden wollten.[23]

(26) Dass die Kirche den biblischen Kanon festgestellt hat, bedeutet nicht, dass sie deshalb Herrin über die Schrift ist; sie unterstellt sich vielmehr dem Worte Gottes, indem sie es als ein „Untertan" bezeugt und bekennt, wie auch die Kirche von ihrem „Richter und Oberherrn", dem Evangelium und der Heiligen Schrift, bestätigt wird.[24] Nimmt man den Inhalt dieser Luther-Texte im Ganzen, dann ist verständlich, warum nach Luther die Schrift in der Kraft des Heiligen Geistes sich selbst „imponiert" als Zeugnis vom menschgewordenen Wort Gottes in Jesus Christus. Er ist ihre Mitte und bestimmt ihren Inhalt. Obwohl die Heilige Schrift von Menschen geschrieben wurde, ist ihr eigentlicher Autor der Heilige Geist; die Schrift kann aber nur in dem Geist ausgelegt werden, in dem sie verfasst wurde; mit diesem Geist sind die Getauften in der Taufe ausgestattet worden, so dass alle in der Kirche diesen einzigen Inhalt der Schrift zu erfassen vermögen, wenn sie diese in dem Geist lesen, in dem sie verfasst wurde; dann nämlich liegt der Inhalt der Schrift hell und klar zutage. Selbstauslegung der Heiligen Schrift und Auslegung im und durch den Heiligen Geist gehören also für Martin Luther zusammen.[25] Die Konsequenzen dieser theologischen Position sind nicht minder klar. Alleinige Norm für kirchliche Lehre, für Gottesdienst und Sakramente, für kirchliches Handeln, für die Ämter in der Kirche usw. ist allein die Heilige Schrift; als ihr „Untertan" hat die Kirche das in Christi Tod und Auferweckung ein für allemal für alle erwirkte Heil zu „predi-

---

23 WA 10/I,1, 626,15–627,10 (hier inhaltliche Zusammenfassung).
24 So in Luthers Schrift *Artikel wider die ganze Satansschule und alle Pforten der Hölle* von 1530 (WA 30/II, (413) 420–427, hier 420 und 424).
25 Siehe Luthers *Assertio omnium articulorum M. Lutheri per bullam Leonis X. novissimam damnatorum* von 1520 (WA 7, 94–151, hier 7, 96–97).

gen"; die Predigt des Gotteswortes stiftet Glauben, in welchem allein der Glaubende des in Christus gewirkten Heiles teilhaftig wird. Solcher Heilsempfang kann nicht durch die Kirche an kirchliche Vor- oder Nachbedingungen geknüpft werden; der Heilsempfang selbst ist und bleibt bedingungslos.[26] Alles, was in der Kirche in Geltung ist, hat sich an der Schrift zu orientieren. Kirchliche Lehren, Gottesdienste und Sakramente, kirchliches Handeln, kirchliche Ämter usw. sind dann einer Reform zu unterziehen oder auch abzuschaffen, wenn sie nicht grundlegend in Übereinstimmung mit dem Sachgehalt der Heiligen Schrift zu bringen sind bzw. ihr direkt widersprechen (so z. B. die spätmittelalterlichen Messopfertheorien); sie sind auch zu ändern, wenn sie das Zeugnis der Schrift verdunkeln, den Blick auf Jesus Christus verstellen oder sogar von ihm ablenken. Durch die Ansätze Luthers wurde das damalige kirchliche System in Frage gestellt. Schrift, Überlieferung, kirchliche bzw. päpstliche Lehrautorität und deren Verhältnis zueinander sind die Knotenpunkte geworden, die auch in dem hier zu erörternden Zusammenhang immer noch zur Debatte stehen.

2. Die römische Reaktion im 16. Jahrhundert und danach

(27) Wie hat nun nach der Exkommunikation der Reformatoren die Römisch-katholische Kirche reagiert? Die Antwort kann zum einen den Beschlüssen des Konzils von

---

26 In dem offiziösen Dokument der Gemeinsamen Römisch-katholischen/Evangelisch-lutherischen Kommission, im *Malta-Bericht* von 1972 (DwÜ I, 255) und in *Kirche und Rechtfertigung* von 1993 (DwÜ III, 322 und 374) wird dieser Gesichtspunkt gemeinsam unterstrichen: „Alle kirchlichen Traditionen und Institutionen unterstehen dem Kriterium, dass sie die rechte Verkündigung des Evangeliums ermöglichen und die Bedingungslosigkeit des Heilsempfangs nicht verdunkeln."

Trient und zum anderen der nachtridentinischen Theologie und Kirche entnommen werden. Das Konzil von Trient hat auf seiner vierten Sitzung vom 8. April 1546 folgendes Dekret verabschiedet:

In der Kirche ist nach Beseitigung der Irrtümer die Reinheit des Evangeliums zu bewahren; dieses Evangelium, „einst von den Propheten verheißen", verkündete Jesus Christus „zuerst mit eigenem Munde" und ließ es „danach durch seine Aposteln als die Quelle aller heilsamen Wahrheit und Sittenlehre jedem Geschöpf predigen"; ... „diese Wahrheit und Lehre" sind enthalten „in geschriebenen Büchern und ungeschriebenen Überlieferungen (in libris scriptis et sine scripto traditionibus) ..., die, von den Aposteln aus dem Munde Christi selbst empfangen oder von den Aposteln auf Diktat des Heiligen Geistes gleichsam von Hand zu Hand (per manus traditae) weitergegeben, bis auf uns gekommen sind". Das Konzil „folgt dem Beispiel der rechtgläubigen Väter und nimmt an und verehrt mit dem gleichen Gefühl der Dankbarkeit und der gleichen Ehrfurcht sowohl alle Bücher des Alten und des Neuen Testaments, da der eine Gott der Urheber von beiden ist, sowie auch die Überlieferungen – sowohl die, welche zum Glauben, als auch die, welche zu den Sitten gehören – als entweder wörtlich von Christus oder vom Heiligen Geiste diktiert und in beständiger Folge (continua successione) in der katholischen Kirche bewahrt" wurden.[27]

(28) Die ursprünglich dem Trienter Konzil vorliegende Fassung, die Heilswahrheit sei teils in der Schrift, teils in den ungeschriebenen Überlieferungen enthalten, wurde im letzten Augenblick vom Konzil nicht übernommen; statt dessen wurde lediglich gesagt, die Heilswahrheit sei enthalten in Schrift (in libris scriptis) und ungeschriebenen Überlieferungen (sine scripto traditionibus). Nach den grundlegenden Studien von Joseph Rupert Geiselmann[28] versteht

---

27 DH 1501.
28 *J. R. Geiselmann*, Das Konzil von Trient über das Verhältnis der Heiligen Schrift und der nicht geschriebenen Traditionen. Sein Missverständnis in der nachtridentinischen Theologie und die Überwindung dieses Missverständnisses, in: Die mündliche Überliefe-

das Konzil unter den ungeschriebenen Überlieferungen folgendes:

Apostolische Überlieferungen sind die Überlieferungen im Raum der Kirche, die der Kirche ursprünglich nicht durch Schriften, sondern (durch das lebendige Wort) von den Aposteln übergeben worden sind und durch die ununterbrochene apostolische Sukzession der Bischöfe in ihrer Verkündigung des Wortes Gottes auf uns gekommen sind ..., insofern sie ihren Ursprung in Christus oder dem Heiligen Geist ... und den Glauben und die Sitten zu ihrem Gegenstand haben ... [29]

(29) Durch die Ersetzung des in der Vorlage sich findenden *teils – teils* durch ein *und* sei das Trienter Konzil einer Entscheidung über das Verhältnis der schriftlichen apostolischen Tradition (Heilige Schrift) zu den ungeschriebenen apostolischen (kirchlichen) Traditionen (successio apostolica über die Bischofssitze) aus dem Weg gegangen.[30] Gegenüber der reformatorischen Position, in welcher unmissverständlich die Suffizienz der Heiligen Schrift gelehrt wird, hat das Trienter Konzil „weder ... die inhaltliche Suffizienz der Heiligen Schrift ausgesprochen ..., noch ... das Verhältnis von Schrift und Tradition im Sinne des ‚teils – teils‘ entschieden".[31]

(30) Die gesamte römisch-katholische Theologie hat jedoch in unmittelbarem Anschluss an das Trienter Konzil im Rückgriff auf vortridentinische Kontroverstheologen die Entscheidung des Trienter Konzils so verstanden, als hätte Trient definitiv entschieden, die Heilswahrheit sei *teils*

---

rung. Beiträge zum Begriff der Tradition von H. Bacht – H. Fries – J. R. Geiselmann, hrsg. v. *M. Schmaus*, München 1957, 123–206; *J. R. Geiselmann*, Schrift – Tradition – Kirche. Ein ökumenisches Problem, in: Begegnung der Christen. Studien evangelischer und katholischer Theologen, hrsg. v. *M. Roesle u. O. Cullmann*, Stuttgart/ Frankfurt a. M. 1959, 131–159.

29 *J. R. Geiselmann*, Das Konzil von Trient, 1957 (siehe Anm. 28), 136 f.

30 *J. R. Geiselmann*, Schrift – Tradition – Kirche (siehe Anm. 28), 142.

31 *J. R. Geiselmann*, Schrift – Tradition – Kirche (siehe Anm. 28), 141.

in der Schrift und *teils* in den *sine scripto traditionibus* enthalten. So hat der im Auftrag des Trienter Konzils erarbeitete und unter Pius V. 1566 veröffentlichte *Catechismus Romanus* formuliert:

Omnis autem doctrinae ratio, quae fidelibus tradenda sit, verbo dei continetur, quod in Scripturam Traditionesque distributum est.[32]

(31) Schon Johann Eck hatte in seinem Werk *De sacrificio missae libri tres* (1526) die von Ambrosius Traversari Camaldulensis angefertigte lateinische Übersetzung des von Pseudo-Dionysius Areopagita verfassten Werkes *De ecclesiastica hierarchia* zitiert und dort die Formel *partim scriptis, partim non scriptis constitutionibus* gefunden[33] und daraus die Folgerung gezogen: „... apostoli partim scriptis, partim non scriptis institutionibus mysteria nobis tradiderunt."[34] Dieses *teils – teils* verselbständigte sich schon in der vortridentinischen Kontroverstheologie[35], wurde vom Trienter Konzil – wie dargelegt – im letzten Augenblick jedoch nicht übernommen, wurde dann aber unmittelbar nach dem Konzil, sowohl im Catechismus Romanus wie vor allem durch Petrus Canisius und Robert Bellarmin, die als herausragende und einflussreiche Vertreter der Gegenreformation Trient im Sinne der vortridentinischen Kontroverstheologie

---

32 Catechismus Romanus [lateinisch und deutsch], hrsg. v. *A. Buse*, Bielefeld-Leipzig ³1867, 8: Prooemium, Quaestio XII. Hier auch die deutsche Übersetzung: „Der Inhalt der ganzen Lehre aber, die den Gläubigen vorgetragen werden soll, ist im Worte Gottes enthalten, welches in die heilige Schrift und Erblehre eingetheilt ist."

33 Siehe *J. Eck*, De sacrificio missae libri tres (1526), hrsg. v. *E. Iserloh, V. Pfnür u. P. Fabisch*, Münster 1982, 81–83, hier 82 (Liber secundus, Cap. I); zur Interpretation siehe *J. R. Geiselmann*, Das Konzil von Trient, 1957 (siehe Anm. 28), 140–147.

34 *J. Eck*, ebd. 83.

35 Siehe die Belege bei *Geiselmann*, Das Konzil von Trient, 1957 (siehe Anm. 28), 138–163.

verstanden und auch so verbreiteten[36], zur Standardformel römisch-katholischer Kontroverstheologie der nachfolgenden Jahrhunderte; diese Formel wurde in der Aufklärung, in Klassizismus und Romantik mancherlei Modifikationen unterworfen; neben einem *sive – sive* kommt es zu einem *totaliter in traditione, partim in scriptura*; ein gänzlich anderes Konzept entwickelte Johann Evangelist Kuhn erst spät, nachdem er zunächst noch lange das *partim – partim* geteilt hatte, mit *totum in scriptura* und *totum in traditione*.[37] Diese Formel wurde kirchlich allerdings in der Mitte des 19. Jahrhunderts nicht rezipiert; durch die dominierende Neoscholastik im 19. Jahrhundert führte das *partim – partim* zu der Theorie der Zwei-Quellen der göttlichen Offenbarung; über das I. Vatikanische Konzil hinaus wurde diese Theorie bis zum Zweiten Vatikanischen Konzil als Doktrin aufrechterhalten. Dies erklärt die Hartnäckigkeit, mit der Mitglieder der römischen Kurie auf dem II. Vatikanischen Konzil für dieses überlieferte Konzept kämpften.

(32) Mit Hilfe der Theorie der Zwei-Quellen der göttlichen Offenbarung können auch die beiden marianischen Dogmen von 1854 und 1950 verständlich gemacht werden. Dies ist in der Formulierung, die Kirche sei „die eifrige Behüterin und Beschützerin der bei ihr hinterlegten Glaubenslehren" (DH 2802) der Sache nach enthalten. So ver-

---

36 Siehe ausführlich *Geiselmann*, Das Konzil von Trient, 1957 (siehe Anm. 28), 168–177.

37 *Geiselmann*, Das Konzil von Trient, 1957 (siehe Anm. 28), 200–206. Für Geiselmann ist Kuhns Lösung „die radikale Überwindung der nachtridentinischen Kontroverstheologie", indem die Schrift das Evangelium als Offenbarungswahrheit vermittelt, während die schriftgewordene Tradition die Offenbarungswahrheit des Evangeliums in der Form ihrer Auslegung und ihres autoritativen Verständnisses vermittelt. Für Edmund Schlink bedeutet dies einen wirklichen Fortschritt für die ökumenische Debatte, er verweist aber auf die mit dieser Formel gegebene Gefahr eines traditionalistischen Positivismus (*E. Schlink*, Ökumenische Dogmatik. Grundzüge, Göttingen 1983, 690 f.).

weist die Bulle Pius IX. *Ineffabilis Deus* von 1854, in der die Lehre von der *Immaculata Conceptio* Mariens als von Gott geoffenbart definiert wurde (DH 2803), darauf, dass das, „was von alters Gestalt annahm und der Glaube der Väter pflanzte", hier nur ausgefeilt und verfeinert werde (DH 2802); es werde nichts geändert oder hinzugefügt. Auf der anderen Seite wird aber auch nicht behauptet, dass jene Lehre in der Heiligen Schrift gefunden werden könne.[38] Deswegen steht nach Pius IX. der unfehlbaren Entscheidung, „kraft der Autorität unseres Herrn Jesus Christus, der seligen Apostel Petrus und Paulus und Unserer eigenen" die *Immaculata Conceptio* Mariens als geoffenbarte Wahrheit zu definieren, nichts mehr im Wege:

… erklären, verkünden und definieren Wir, daß die Lehre, welche festhält, daß die seligste Jungfrau Maria im ersten Augenblick ihrer Empfängnis durch die einzigartige Gnade und Bevorzugung des allmächtigen Gottes im Hinblick auf die Verdienste Christi Jesu, des Erlösers des Menschengeschlechtes, von jeglichem Makel der Urschuld unversehrt bewahrt wurde, von Gott geoffenbart und deshalb von allen Gläubigen fest und beständig zu glauben ist.[39]

---

38 „Christi enim ecclesia, sedula depositorum apud se dogmatum custos et vindex, nihil in his umquam permutat, nihil minuit, nihil addit, sed omni industria vetera fideliter sapienterque tractando si qua antiquitus informata sunt et Patrum fides sevit, ita limare, expolire studet, ut prisca illa caelestis doctrinae dogmata accipiunt evidentiam, lucem, distinctionem, sed retineant plenitudinem, integritatem, proprietatem, ac in suo tantum genere crescant, in eodem scilicet dogmate, eodem sensu eademque sententia" (DH 2802).

39 „… declaramus, pronuntiamus et definimus, doctrinam, quae tenet, beatissimam Virginem Mariam in primo instanti suae conceptionis fuisse singulari omnipotentis Dei gratia et privilegio, intuitu meritorum Christi Iesu Salvatoris humani generis, ab omni originalis culpae labe praeservatam immunem, esse a Deo revelatam atque idcirco ab omnibus fidelibus firmiter constanterque credendam" (DH 2803).

(33) In der Apostolischen Konstitution Pius XII. *Munifi-centissimus Deus* von 1950 werden Überlegungen über Schrift und Tradition in Erwägungen über die Beziehungen Jesu zu Maria eingebunden:

Alle diese Beweise und Überlegungen der Heiligen Väter und Theologen stützen sich auf die Heilige Schrift als letzte Grundlage; diese stellt uns nämlich die gütige Mutter Gottes gleichsam vor Augen als mit ihrem göttlichen Sohne innigst verbunden und sein Los immer teilend. Deshalb scheint es beinahe unmöglich, sie, die Christus empfing, gebar, mit ihrer Milch nährte und ihn in ihren Armen hielt und an ihre Brust drückte, von demselben nach diesem irdischen Leben wenn nicht der Seele, so doch dem Leibe nach getrennt zu sehen. [Jesus konnte] außer dem ewigen Vater auch seine geliebteste Mutter keinesfalls nicht ehren. Da er sie nun aber mit so großer Ehre auszeichnen konnte, sie vor der Verwesung des Grabes unversehrt zu bewahren, muß man glauben, daß er dies wirklich tat.[40]

(34) Neben diesem etwas vagen Verweis auf die Heilige Schrift wird aber „am meisten" (DH 3901) an die altkirchliche Eva-Maria Typologie erinnert:

---

40 „Haec omnia Sanctorum Patrum ac theologorum argumenta considerationesque Sacris Litteris tamquam ultimo fundamento nituntur; quae quidem almam Dei Matrem nobis veluti ante oculos proponunt divino Filio suo coniunctissimam, eiusque semper participantem sortem. Quamobrem quasi impossibile videtur eam cernere, quae Christum concepit, peperit, suo lacte aluit, eumque inter ulnas habuit pectorique obstrinxit suo, ab eodem post terrestrem hanc vitam, etsi non anima, corpore tamen separatam. [Redemptor noster] haud poterat profecto ... praeter Aeternum Patrem, Matrem quoque suam dilectissimam non honorare. Atqui, cum eam posset tam magno honore exornare, ut eam a sepulcri corruptione servaret incolumem, id reapse fecisse credendum est" (DH 3900).

Am meisten aber ist daran zu erinnern, daß ... die Jungfrau Maria von den Heiligen Vätern als neue Eva vorgestellt wird, die dem neuen Adam – wenn auch untergeordnet – aufs engste verbunden ist ...[41]

(35) Aus Schrift und Tradition wird auf diese Weise gefolgert und als von Gott geoffenbarte Glaubenslehre definiert:

... kraft der Autorität unseres Herrn Jesus Christus, der seligen Apostel Petrus und Paulus und Unserer eigenen verkünden, erklären und definieren Wir deshalb: Es ist von Gott geoffenbarte Glaubenslehre, daß die Unbefleckte Gottesgebärerin und immerwährende Jungfrau Maria nach Vollendung des irdischen Lebenslaufes mit Leib und Seele in die himmlische Herrlichkeit aufgenommen wurde.[42]

(36) Beide Mariendogmen zeigen die theologische Problematik der – formalen – Zwei-Quellen-Theorie der göttlichen Offenbarung, die unmittelbare Konsequenzen für die materiale Glaubenslehre hat. Sie birgt in sich und als solche wie auch angesichts ihrer inhaltlichen Konsequenzen folgenreiche Implikationen für das zwischenkirchliche Gespräch. In dieser Gestalt ist zwar die römisch-katholische Mariologie eine ökumenische Herausforderung. Ihr kann jedoch nicht durch eine von ihrer Voraussetzung isolierte und von ihr abgelöste ökumenische Debatte über Maria angemessen entsprochen werden, sondern nur dadurch, dass Thomas von Aquin[43] und Martin Luther darin zugestimmt wird, dass all das, was glaubensverbind-

---

41 „Maxime autem illud memorandum est ... Mariam Virginem a Sanctis Patribus veluti novam Hevam proponi novo Adae, etsi subiectam, arctissime coniunctam ..." (DH 3901).

42 „... auctoritate Domini Nostri Iesu Christi, Beatorum Apostolorum Petri et Pauli ac Nostra pronuntiamus, declaramus et definimus divinitus revelatum dogma esse: Immaculatam Deiparam semper Virginem Mariam, expleto terrestris vitae cursu, fuisse corpore et anima ad caelestem gloriam assumptam" (DH 3903).

43 STh I, 1,8 ad 2; siehe oben Anm. 19.

lich ist, in der Heiligen Schrift enthalten sein muss. Nur so kann auch ein ökumenisches Gespräch über Maria fruchtbringend geführt werden.

B. Das Papstamt

1. Das vielschichtige Urteil der lutherischen Reformation über das Papstamt

(37) Es gibt bei Luther wiederholt Aussagen, die die rein polemische Behandlung der Papstfrage durchbrechen und das Papstamt nicht grundsätzlich in Frage stellen. Besonders interessant ist, was er 1533 im Rückblick auf den Augsburger Reichstag schreibt. Obwohl er damals die Confessio Augustana kritisiert hatte, sie habe „ganz besonders die Frage Papst-Antichrist"[44] verschwiegen, und bereit war, mit einer Schrift über die Vergottung des Papstes diese Lücke zu füllen[45], sagt Luther drei Jahre später:

Wir haben uns bis da her (d. h. bis jetzt) allezeit, und sonderlich auff dem Reichstage zu Augspurg, gar demütiglich erboten, dem Bapst und Bisschoven, das wir nicht wolten ir Kirchen rechte und gewalt zu reissen, sondern, wo sie uns nicht zu unchristlichen Artikeln zwüngen, gern von ihnen geweihet und regirt sein ...[46]

(38) Einige Zeit später, im Oktober 1535, heißt es in einem Brief Luthers an die Prediger in Soest:

---

44 WA Br 5, 496: „... maxime de antichristo Papa ...".
45 Vgl. WA 30 II, 471.
46 WA 38, 195.

[I]ch wil noch sagen und zugeben, Wil der Bapst das Evangelion frey und reine lassen gehen, wie er schüldig ist zu thun, So wil ich meiner person jn lassen sein, was er selber wil ...[47]

(39) Am bekanntesten und eindrücklichsten sind wohl die Aussagen Luthers in seinem Galaterkommentar von 1531/1535, in denen er wiederholt zu erkennen gibt, dass er „die Herrschaft des Papstes gerne ertragen", ihn „ehren und ihn seiner Person halben achten (würde), wenn er mir nur mein Gewissen frei lassen wollte und mich nicht zwingen würde, Gott selbst zu beleidigen".[48]

(40) „Das begehren wir, dass Gottes Ehre und die Glaubensgerechtigkeit unverletzt bewahrt werden, so dass wir selbst gerettet werden können." Luther fährt dann mit dem oft zitierten Satz fort:

Wenn wir das erlangen, dass anerkannt wird, Gott allein aus lauter Gnade rechtfertigt durch Christus, dann wollen wir den Papst nicht nur auf Händen tragen, sondern ihm auch die Füße küssen.[49]

(41) Gewiss haben diese und ähnliche Aussagen Luthers so gut wie allesamt einen ganz klar *konditionellen* Charakter, d. h. sie machen die Möglichkeit einer Bejahung des Papstamtes von Bedingungen abhängig, die alle letztlich darauf hinauslaufen, dass das Papstamt sich von seinen „antichrist-

---

47 WA 38, 397.
48 WA 40 I, 177.
49 „Sed hoc quaerimus, ut stet gloria Dei et iustitia fidei illaesa conservetur, ut simus nos salvi et ipsi. Hoc impetrato, scilicet quod solus Deus ex mera gratia per Christum iustificet, non solum volumus Papam in manibus portare, imo etiam ei osculari pedes" (WA 40 I, 181). Luther wiederholt das später noch einmal (ebd. 357): „Papst, ich will dir die Füße küssen und dich als obersten Bischof anerkennen, wenn du meinen Christus anbetest und erlaubst, dass wir durch seinen Tod und durch seine Auferstehung Vergebung der Sünden und ewiges Leben haben, nicht aber durch die Beobachtung deiner Traditionen."

41

lichen" Zügen befreit und – summa summarum – „das Evangelium zulässt". Obendrein bezweifelt Luther, dass es je zu einem solch erneuerten Papstamt kommen werde. Aber dennoch zeigen diese Aussagen eine *grundsätzliche Offenheit* für das Papstamt. Beidem – wenn auch in sehr unterschiedlichem Gewicht – begegnen wir also bei Luther: einerseits der radikalen Verneinung und andererseits einer konditionellen Bejahung des Papstamtes als eines möglichen Themas lutherischer Theologie. Das ist der objektive, aus Luthers Schrifttum sich ergebende, widersprüchlich erscheinende Tatbestand.

(42) Wenn man diesen Tatbestand nicht fälschlicherweise zu seiner polemischen Seite hin auflösen will, so stellt sich die Frage: Wie verhält sich die zwar nur gelegentlich, aber doch wiederholt sich zeigende Offenheit Luthers für ein erneuertes Papstamt zu der ganzen Breite seiner radikal papstkritischen Äußerungen?

(43) Sieht man von kontextbezogenen oder psychologisierenden Erklärungsversuchen ab, so liegt die einzig einleuchtende Erklärung für jenen widersprüchlich erscheinenden Tatbestand in der *Art von Luthers Papstkritik*, die bei ihm von den ersten Anfängen an konstant bleibt. Gerade das polemisch unüberbietbare „Antichrist"-Verdikt zeigt das. Es ist nicht eine pauschale und undifferenzierte Verurteilung des Papstamtes überhaupt. Vielmehr stellt das „Antichrist"-Verdikt in Luthers Polemik letztlich die biblische Abbreviatur für ebenso fundamentale wie präzise theologische Vorwürfe dar, die Luther gegen das Papsttum seiner Zeit erhebt. Wenn man von solchen Vorwürfen wie mangelnde Schriftbegründung für das Papstamt, Anspruch auf weltliche Gewalt und Fehlen eines weltlichen oder kirchlichen Mandates[50] einmal absieht, Vorwürfen, die zwar

---

50 Das letztere hebt Luther besonders in seiner Schrift *Wider das Papsttum zu Rom, vom Teufel gestiftet* (1545, WA 54, 237 ff) hervor.

mit Nachdruck erhoben werden, aber nicht das entscheidend „Antichristliche" ausmachen, so sind es letztlich drei eng zusammenhängende Kennzeichen, die für Luther den Papst als „Antichrist" ausweisen:

- Wie es ein wesentliches Kennzeichen des „Antichrist" ist, „für sich allein das Recht der Schriftauslegung zu beanspruchen"[51], so legt auch der Papst ganz nach seinem Sinn die Schrift aus und will sich nicht von ihr richten lassen.[52]
- Das Papsttum hat dem Worte Gottes – und dem aufgrund dieses Wortes Gesetzten – neue Glaubenslehren und Forderungen hinzugefügt und setzt sie den Worten und Geboten Gottes gleich.[53]
- Der Papst will „die Christen nicht selig werden lassen ohn sein Gewalt" und ohne dass sie „ihm gehorsam" sind.[54]

(44) Diese drei Vorwürfe bilden den sachlich-theologischen Kern des „Antichrist"-Verdiktes. Sie verweisen allesamt auf Züge des Papstamtes, die nicht ein für allemal und unlöslich dem Papstamt *als solchem* anhaften, sondern *Deformationen* des Papstamtes und seiner Ausübung darstellen, von denen das Amt bis zur Zeit Gregors I., dem „letzten Bischoff zu Rom" – sagt Luther[55] – frei war und von denen es sich auch wieder befreien könnte.

(45) Genau darauf verweisen jene Aussagen Luthers, die eine konditionelle Bejahung des Papstamtes aussprechen. Diese Aussagen *qualifizieren* also die Papstkritik Luthers in entscheidender Hinsicht. Sie zeigen, dass Luthers Papstkri-

---

51 WA 5, 339.
52 WA 54, 233.
53 Z. B. WA 6, 322; 54, 233 und 237.
54 Schmalkaldische Artikel II, 4, 10ff, BSLK 430f.
55 WA 54, 229 (1545). Ähnlich hatte Luther die geschichtliche Enwicklung bereits 1518 in seinen „Resolutiones" zu den 95 Thesen beurteilt (WA 1, 571).

tik, auch wo sie ihre äußerste Schärfe erreicht, letzten Endes doch kein *Grundsatzurteil*, sondern eher ein *Tatsachenurteil* ist, mit dem Luther sagt: So liegen die Dinge zu meiner Zeit und schon seit langem; aufgrund dieser Tatsachen kann ich nur ein radikal negatives Urteil fällen und sehe auch keine Wahrscheinlichkeit, dass sich die Dinge wirklich ändern könnten und mein Urteil nicht mehr zuträfe. Dennoch verneint Luther nicht *jede Möglichkeit* eines erneuerten Papsttums, das eine legitime Aufgabe in der Kirche hätte. Sogar in seiner letzten, in ihrer Polemik sich überschlagenden antipäpstlichen Schrift *Wider das Papsttum zu Rom, vom Teufel gestiftet* (1545), in der die Ablehnung des Papstamtes tatsächlich zu etwas wie einem Grundsatzurteil zu werden scheint, spricht er von der Möglichkeit eines dem Papst zukommenden Ehrenprimats – „der ehren und fürgangs halben" – und eines Amtes der Aufsicht, der „Superattendentz … auff die Lere und Ketzerey in den Kirchen".[56]

(46) Bei *Melanchthon* stellen sich die Dinge ähnlich dar. Dabei kann der Blick auch auf die lutherischen Bekenntnisschriften fallen, unter denen zwar jede – außer dem *Kleinen Katechismus* – kritisch von Papst und Papstamt redet, aber nur die Schmalkaldischen Artikel Luthers und vor allem Melanchthons Traktat *De potestate et primatu papae* Papst und Papstamt thematisieren.

(47) Dabei fällt auf, dass die evangeliumswidrigen, „antichristlichen" Züge des Papstamtes aus seinem *ius divinum*-Anspruch abgeleitet werden. Dieser Anspruch bildet darum gleichsam den Sammelbegriff, unter den man alle anderen päpstlichen Ansprüche, die man verwarf, subsumierte, so dass die reformatorische Primatskritik in der Bestreitung dieses *ius divinum*-Anspruchs gipfeln konnte. Die *Schmalkaldischen Artikel* setzen damit ein, und sie wiederholen das

---

56 Wider das Papsttum zu Rom, vom Teufel gestiftet (1545; WA 54, 231).

noch zweimal.[57] Das gilt erst recht von Melanchthons Traktat. Alle drei Vorwürfe, die sich bei der sachlich-theologischen Aufschlüsselung von Luthers „Antichrist"-Verdikt ergeben hatten, sind – so sieht es der Traktat – Konsequenzen oder Implikationen des päpstlichen *ius divinum*-Anspruches:

- die Exemtion des Papstes von aller Kritik, auch der Kritik durch die heilige Schrift,
- die Vollmacht des Papstes, neue glaubensverbindliche Gebote und Lehren aufzustellen, und
- die Heilsnotwendigkeit des Gehorsams gegenüber dem Papst.[58]

(48) So gesehen richtet sich die Spitze der Papstkritik gegen die Implikationen und Konsequenzen des *ius divinum*-Anspruchs des Papstamtes. Die Differenzierung zwischen dem *ius divinum*-Anspruch *als solchen* und den ihm zugesprochenen *Implikationen* oder Konsequenzen ist sehr wichtig. Sie findet im Traktat *De potestate et primatu papae* darin ihren Ausdruck und ihre Anwendung, dass sich dort die Ablehnung des *ius divinum-Anspruchs* gleichsam verlagert und auf die Ablehnung des päpstlichen *Unfehlbarkeitsanspruches* und damit auf eine – nach damaligem Verständnis – wesentliche

---

57 II, 4, 7 (BSLK 429): „ … dass er nicht iure divino oder aus Gottes Gebot der Oberst wäre … "; dazu ebd. 12f (BSLK 431). Luther hatte bekanntlich schon auf der Leipziger Disputation (1519) das *ius divinum* des Papstamtes in Frage gestellt.

58 Zum Anspruch des Papstes, „aus göttlichem Recht der Oberste" zu sein (Traktat 5: BSLK 472), gehört – nach den Aussagen des Traktats –, „dass er Macht habe, allerlei Gesetz zu machen von Gottesdienst, Änderung der Sakrament und der Lehre" (ebd.; vgl. 40: BSLK 484). Dazu gehört auch der Anspruch, man müsse alles, was er anordnet, „glauben bei Verlust der Seligkeit" (6: BSLK 472; vgl. 36: BSLK 483). Und schließlich gehört zum *ius divinum*-Anspruch des Papstes, dass er sich „ordentlicherweise nicht richten lassen" will, weder durch die Kirche (d. h. durch ein Konzil; 40: BSLK 485; vgl. 49: BSLK 487) noch durch die heilige Schrift (56: BSLK 488).

Implikation des päpstlichen *ius divinum*-Anspruches konzentriert. Melanchthon stellt mit biblischen und historischen Argumenten diesen *ius divinum*-Anspruch des päpstlichen Primats in Frage[59], und in seinem Votum zu Luthers *Schmalkaldischen Artikeln* sagt er deshalb konstatierend, dass der Papst seinen Primat nur *iure humano* hat.[60]

(49) Freilich findet sich bei Melanchthon auch folgende Argumentation:

… etiamsi Romanus episcopus jure divino haberet primatum, tamen, postquam defendit impios cultus et doctrinam pugnantem cum evangelio, non debetur ei obedientia. Imo necesse est ei tanquam Antichristo adversari.[61]

(50) Dabei beruft sich der Traktat nicht nur auf Gal 1,8, sondern auch auf das kanonische Recht, nach dem man einem häretischen Papst keinen Gehorsam schuldet. Er erläutert diesen Gedanken aber auch daran, dass selbst gegenüber den alttestamentlichen Hohenpriestern, die ihre Priesterschaft ja durchaus *de iure divino* ausübten, kein Gehorsam geboten war, sobald sie zu gottlosen Hohenpriestern wurden, wie sich bei Jeremia und anderen Propheten zeige.[62]

---

59 Traktat 7–20 (BSLK 472–477).
60 Siehe Anm. 63.
61 BSLK 488f. Deutsche Übersetzung: „Selbst wenn (etiamsi) der römische Bischof den Primat kraft göttlichen Rechts (iure divino) besitzen sollte, so schuldet man ihm dennoch keinen Gehorsam, sobald er falsche Gottesdienste und eine Lehre verteidigt, die gegen das Evangelium ist. Vielmehr ist es nötig, sich ihm als Antichrist zu widersetzen." Die andere Aussage begegnet zuvor: „Selbst wenn (etiamsi) der römische Bischof seinen Primat und seine übergeordnete Stellung kraft göttlichen Rechts (iure divino) besitzen sollte, so schuldet man dennoch denjenigen Päpsten, die falsche Gottesdienste, Abgötterei und eine Lehre verteidigen, die gegen das Evangelium ist, keinen Gehorsam" (BSLK 483).
62 BSLK 483f.

(51) Selbst wenn man also annehmen würde, der *ius divinum*-Anspruch des Papstes bestehe zu Recht, so lässt sich daraus dennoch nicht folgern, dass dem Papst in jedem Falle, also auch dann, wenn er eine dem Evangelium widersprechende Lehre verkündet, zuzustimmen und Folge zu leisten ist. Melanchthon will eine Auffassung der päpstlichen Vollmacht ausschließen, die den päpstlichen Entscheidungen Unhinterfragbarkeit zuspricht und somit das in der heiligen Schrift bezeugte Evangelium nicht mehr die oberste Norm sein lässt. So gesehen bedeutet das reformatorische Insistieren darauf, der Primat sei „menschlichen Rechts" (*de iure humano*), im Grunde und seiner Intention nach nur die nachdrückliche Zurückweisung einer *maximalistischen Interpretation* des *ius-divinum*-Anspruches, durch die das Papstamt sich der Norm des Evangeliums entzieht. Das aber heißt: Der päpstliche *ius divinum*-Anspruch *als solcher* hätte unwidersprochen bleiben können, wenn man ihn römischerseits nicht mit *Implikationen und Aspekten* verbunden hätte, die nach reformatorischem Urteil den päpstlichen *ius divinum*-Anspruch maximalistisch verzerren und ihn zum Sammelbegriff aller Gravamina machen. Die reformatorische Verneinung des päpstlichen *ius divinum*-Anspruches ist somit keine grundsätzliche und kategorische, sondern eine „*qualifizierte*" Verneinung.

(52) Auch hier zeigt sich also – ähnlich wie bei Luther – jene Differenzierung zwischen dem Papstamt als solchem und der evangeliumswidrigen Ausübung dieses Amtes, eine Differenzierung, die es gestattet, ein erneuertes, evangeliumsgemäßes Papstamt ins Auge zu fassen, das auch aus reformatorischer Sicht möglich, sinnvoll und bejahbar wäre. Dem entspricht das bekannte Votum, das Melanchthon seiner Unterschrift unter die *Schmalkaldischen Artikel* hinzufügt, ein Votum, mit dem Melanchthon Luthers eigene konditionelle Bejahung des Papstamtes, die dieser in seinen *Schmalkaldischen Artikeln* aber nicht vertreten hatte, wieder auf-

nimmt. Es sagt zugleich, welche Aufgabe dieses konditionell bejahte Amt hätte:

Ich Philippus Melanthon halt diese obgestallte Artikel auch fur recht und christlich, vom Bapst aber halt ich, so er das Evangelium wollte zulassen, dass ihm umb Friedens und gemeiner Einigkeit willen derjenigen Christen, so auch unter ihm sind und kunftig sein möchten, sein Superiorität uber die Bischofe, die er hat jure humano, auch von uns zuzulassen (und zu geben) sei.[63]

2. Entwicklungen im katholischen Verständnis des Papstamtes

(53) Die Rückbesinnung auf die ursprüngliche, theologisch begründete Papstkritik Luthers und der anderen lutherischen Reformatoren bietet die Chance, einer Verständigung über das Papstamt näher zu kommen. Denn damals wurden jene Weichen gestellt, die aus der Gemeinsamkeit heraus dann immer mehr zu divergierenden Positionen führten. Tatsächlich wurde in den auf die Reformation folgenden Jahrhunderten auf lutherischer Seite die Papstkritik zunehmend systematisiert, verschärft und Ausdruck wachsender Entfremdung. Im 20. Jahrhundert lenkten lutherische Theologen wieder zum ursprünglichen theologischen Kern der Kritik Luthers zurück. So auch im

---

63 BSLK 463f. Schon drei Jahre zuvor hatte Melanchthon in einem Gutachten für Franz I. (*De potestate ecclesiastica*) noch nachdrücklicher gesagt: „Prodest, iudicio meo illa monarchia Romani Pontificis ad hoc, ut doctrinae consensus retineretur in multis nationibus. Quare facile potest constitui concordia in hoc articulo de superioritate Pontificia, si caeteris articulis conveniri poterit" (Corpus Reformatorum 2, 746 [August 1534]).

Bericht der offiziellen lutherisch/römisch-katholischen Dialoggruppe in den USA von 1974.[64]

(54) Auf katholischer Seite fand umgekehrt seit der Gegenreformation eine wachsende Zuspitzung des päpstlichen Autoritätsanspruchs statt. Diese Entwicklung hatte allerdings schon im Mittelalter eingesetzt, vor allem mit Papst Innozenz III., der als erster systematisch einen exklusiven Anspruch auf den Titel *vicarius Christi* erhob, um die *plenitudo potestatis* des Papstes theologisch zu begründen. Ihren Höhepunkt hatte diese Entwicklung in den beiden Dogmen über den Jurisdiktionsprimat und das unfehlbare Lehramt des Papstes, die das I. Vatikanische Konzil 1870 verkündete. Aber auch in der katholischen Kirche und Theologie setzte vor, während und nach dem II. Vatikanischen Konzil aus dem Anliegen einer Kirchenreform und der Überwindung gegenreformatorischer Einseitigkeiten eine Rückbesinnung auf die ursprüngliche *communio*-Konzeption der Kirche ein, verbunden mit einer kritisch-historischen Reflexion der Dogmen des I. Vaticanum. Zudem griff das II. Vaticanum das Anliegen der ökumenischen Bewegung auf, das längst viele Lutheraner und Katholiken bewegte.

(55) Wie die Analyse der Papstkritik Luthers und der anderen lutherischen Reformatoren ergibt, richtete sich deren Kritik nicht gegen das Papstamt als solches, dem Luther bis zu Papst Gregor I. einschließlich eine rechtmäßige Ausübung zugesteht. Vielmehr wandte sie sich gegen eine missbräuchliche Ausübung desselben, durch die sich der Papst zum Herrn und Richter über das Wort Gottes und den Glauben der Kirche erhebt. Dieselbe Unterscheidung zwischen dem Papstamt als solchem und seiner evangeliumswidrigen Ausübung findet sich bei Melanchthon

---

64 Vgl. *H. J. Urban*, Der reformatorische Protest gegen das Papsttum. Eine theologiegeschichtliche Skizze, in: Petrus und Papst, hrsg. v. *A. Brandenburg/H. J. Urban*, Münster 1977, 266–290.

und in den Schmalkaldischen Artikeln, wo die Wurzel des Missbrauchs im *ius-divinum*-Anspruch des Papstes gesehen wurde. Auch hier zeigt sich, dass das Papstamt als solches nicht grundsätzlich abgelehnt wurde, wohl aber dessen maximalistische Interpretation, die den Primat des Evangeliums in Frage stellt. Trotz der Schärfe ihrer Papstkritik und trotz der gefährlichen Eigendynamik, die ihr ‚Antichrist'-Verdikt entfalten musste, blieb bei den lutherischen Reformatoren die Frage nach dem päpstlichen Primat theologisch gesehen eigenartig offen. Es blieb etwas wie eine leise, wenn auch meist verdeckte Hoffnung auf ein im Sinne der reformatorischen Anliegen erneuertes Papsttum, die sich auch später nicht völlig verlor.

(56) Wenn das zutrifft, lassen sich die einzelnen Kritikpunkte der Reformatoren auch als bestimmte Erwartungen und Forderungen verstehen, deren Erfüllung eine Anerkennung des Papstamts möglich machen würde. Es waren Erwartungen, die sich nicht nur auf das Evangelium beriefen, sondern sich nicht zuletzt aus Grundüberzeugungen der kirchlichen Tradition nährten, die sich seit den Anfängen durch zwei Jahrtausende gehalten haben. Auch das I. Vaticanum konnte und wollte sie nicht leugnen, und das II. Vaticanum hat ausdrücklich auf diese Bezug genommen. Zu diesen Grundüberzeugungen gehört,

– dass Jesus Christus der alleinige Herr, Hirte und Lehrer der Kirche ist und bleiben muss und die Bischöfe ihr Leitungsamt nur im Auftrag und nach dem Beispiel Christi, eben als *vicarii Christi*, ausüben dürfen;

– dass – entgegen dem exklusiven Anspruch Innozenz' III. und seiner Nachfolger – alle Bischöfe für ihre Ortskirchen *vicarii Christi* sind und gemeinsam mit dem Nachfolger Petri Verantwortung für die ganze Kirche und ihre Glaubenstreue tragen;

– dass der Kirche als ganzer der Beistand des Heiligen
  Geistes verheißen ist, das Evangelium in unbeirrbarer
  Glaubenstreue zu bewahren;
– dass deshalb das übereinstimmende Zeugnis der ganzen
  glaubenden und lehrenden Kirche das angemessene
  Mittel ist, den wahren Glauben festzustellen, und dieses
  Zeugnis, wenn notwendig, auf Konzilien und Synoden
  zu ermitteln ist, deren Lehrentscheide durch die nachfolgende zustimmende Rezeption seitens der Ortskirchen ihre Bestätigung erfahren;
– dass die Heilige Schrift, Wort Gottes und Zeugnis des
  Glaubens der Apostel, die oberste Richtschnur für
  Glaube und Lehre der Kirche ist.

(57) Die Anerkennung, die Luther und andere Reformatoren Papst Gregor I. als dem „letzten Bischof zu Rom"
zollten, ist ein deutlicher Hinweis darauf, dass ihre Papstkritik wesentliche Impulse aus dieser Tradition empfing.
Denn es war dieser Papst, der den ihm angetragenen Titel
eines *universalis episcopus* ablehnte, die Würde seiner Mit-
bischöfe als gleichfalls *vicarii Christi* hervorhob und sich zum
Vorrang der Kirche als ganzer bekannte. „Meine Ehre ist
die Ehre der gesamten Kirche. Meine Ehre ist die ungebro-
chene Tatkraft meiner Brüder. Dann bin ich wahrhaft
geehrt, wenn einem jeden einzelnen die gebührende Ehre
nicht versagt wird." Selbst dem I. Vaticanum war es ein
Anliegen, diesen Ausspruch des Papstes zu zitieren (DH
3061). In der Tat ist der auf einem *ius divinum* begründete
exklusive Anspruch der Päpste seit Innozenz III. auf den
Titel des *vicarius Christi*, was Gregor I. noch ablehnte, die
eigentliche theologische Basis für einen übersteigerten
Autoritätsanspruch der Päpste und für den römischen Zentralismus. Das haben die Reformatoren richtig gesehen.
(58) Dass auf Grund dieser gemeinsam geteilten Tradition in der reformatorischen Papstkritik auch ein bestimm-

tes Kirchenbild mitschwingt, nämlich das von der geschwisterlichen Gemeinschaft des Volkes Gottes, wie es in der Verkündigung Jesu, in den Bildern der Bibel und der Praxis der frühen Kirche begründet ist, ist offensichtlich. Die Kritik daran, dass Bischöfe und Päpste sich in Herrschaftsansprüchen und Lebensstil immer mehr den weltlichen Fürsten angeglichen hatten, die Ausübung geistlicher Gewalt und weltlicher Macht vermengten und so die ursprüngliche Gestalt der Kirche verdunkelten, war nicht auf die Reformatoren beschränkt. Sie durchzieht die ganze Kirchengeschichte und gab immer wieder Anlass zu Reformbewegungen. Die Tatsache, dass sich die franziskanische Bewegung, die Armut und Brüderlichkeit in der Nachfolge Jesu leben wollte, zur Zeit Innozenz III. Bahn brach, war nicht zufällig.

(59) Andererseits war es gerade Innozenz III., der der Armutsbewegung in Gestalt der Bettelorden gegen den Widerstand der Bischöfe Heimatrecht in der Kirche gab. Tatsächlich war es nicht nur die Machtgier von Päpsten, die zu gesteigerten Autoritätsansprüchen führte. In nicht wenigen Fällen waren diese Ansprüche mit der Absicht verbunden, Reformen in der Kirche durchsetzen und die Ansprüche weltlicher Machthaber abwehren zu können, die die Kirche unter ihre Verfügungsgewalt zwingen wollten. Die innerkatholische Kritik daran, dass der päpstliche Primat inzwischen die Gestalt eines Anspruchs auf umfassende Souveränität nach innen und nach außen angenommen hatte, zieht sich bis in das I. Vaticanum. Dort wurde an der Textvorlage kritisiert, dass sie den Primat zu sehr nach Art eines weltlichen Herrschaftsmodells, als absolute Monarchie des Papstes vorstelle. Die ordentliche und unmittelbare Jurisdiktion der Bischöfe als *vicarii Christi* für ihre Ortskirchen sei durch diese Vorstellung gefährdet. Das wurde zu einem Hauptanliegen der Minoritätsbischöfe des I. Vaticanum.

(60) Diese kurzen Hinweise auf die Vielschichtigkeit der Kirchen- und Papstgeschichte und die vorhergehende Analyse der reformatorischen Papstkritik lassen erkennen, wie viel an Gemeinsamkeit auf Grund der gemeinsam geteilten Tradition die Anliegen der reformatorischen und der innerkatholischen Papstkritik verbindet – eine Gemeinsamkeit, die die Basis für eine mögliche Verständigung bilden kann. Die kirchentrennende Sprengkraft, die die reformatorische Papst- und Kirchenkritik im Laufe der Zeit erlangte, und die gegenläufige Entwicklung in der katholischen Kirche als Reaktion darauf haben diese Gemeinsamkeit vergessen lassen.

(61) Schließlich schien diese Gemeinsamkeit mit dem I. Vaticanum ein Ende genommen zu haben. Denn mit seinen beiden Dogmen über das Papstamt schien dieses Konzil die souveräne Stellung des Papstes, die bis dahin auch unter Katholiken theologisch umstritten war, endgültig zu besiegeln. Dieser Eindruck setzte sich nicht nur unter Nichtkatholiken fest. Viele ultramontan gesinnte Katholiken begrüßten es, dass die bisherige Umständlichkeit kirchlicher Wahrheitsfindung durch Synoden und Konzilien – wie sie meinten – überflüssig geworden sei. Angesichts des kirchen- und glaubensfeindlichen Ansturms der Moderne schien ihnen damit ein Pol unbezweifelbarer Gewissheit für den Glauben und der Sicherheit für die Kirche gewonnen zu sein. Und genau in diesem Sinn interpretiert wurden die beiden Dogmen über den Jurisdiktionsprimat und das unfehlbare Lehramt des Papstes den Katholiken auch vermittelt. Wer sich heute auf den Weg zu einer ökumenischen Verständigung über das Papstamt macht, kommt nicht umhin, sich eingehend mit dem I. Vaticanum als einem der wichtigsten Hindernisse auf diesem Weg zu beschäftigen.

Kapitel II:
Die Papstdogmen des I. Vaticanum
(*Pastor Aeternus*)

A. Das unfehlbare Lehramt des Papstes

1. Das Dogma

(62) Im Anschluss an den Jurisdiktionsprimat des Papstes wird im 4. Kapitel der Dogmatischen Konstitution *Pastor Aeternus* des I. Vatikanischen Konzils das „unfehlbare Lehramt des Römischen Bischofs" behandelt.[65] Vorgestellt wird seine Lehrvollmacht als Teil seines Apostolischen Primats als Nachfolger Petri, nicht als Teil seines Jurisdiktionsprimats. Sie wird als *suprema magisterii potestas* gekennzeichnet (DH 3065). Die Unterscheidung des Lehrprimats vom Jurisdiktionsprimat, der anderen Ausdrucksform des petrinischen Primats, will der komplexen Natur des Lehrprimats Rechnung tragen. Er ist die Vollmacht, eine Lehre als Bezeugung der in der Heiligen Schrift und in Glaube und Lehre der Kirche überlieferten Offenbarung vorzutragen und diese Lehre als die gesamte Kirche verpflichtend zu erklären. Seine Vollmacht ist also zugleich bezeugender und juridischer Natur.

---

65 Vgl. zum Folgenden das umfassendste Werk über das I. Vatikanische Konzil von K. *Schatz*, Vaticanum I 1869–1870, 3 Bde., Paderborn 1992–1994. – Zu den zeitgeschichtlichen theologischen Voraussetzungen der Unfehlbarkeitsdefinition siehe H. J. *Pottmeyer*, Unfehlbarkeit und Souveränität. Die päpstliche Unfehlbarkeit im System der ultramontanen Ekklesiologie des 19. Jahrhunderts, Mainz 1975.

(63) Wie der die Definition einleitende Abschnitt (DH 3073) und der das 4. Kapitel abschließende Kanon (DH 3075) erkennen lassen, enthält der letzte Abschnitt des Kapitels (DH 3074) die eigentliche Definition des Dogmas. Sie lautet:

Wenn der Römische Bischof ‚ex cathedra' spricht, das heißt, wenn er in Ausübung seines Amtes als Hirte und Lehrer aller Christen kraft seiner höchsten Apostolischen Autorität entscheidet, dass eine Glaubens- oder Sittenlehre von der gesamten Kirche festzuhalten ist, dann besitzt er mittels des ihm im seligen Petrus verheissenen göttlichen Beistands jene Unfehlbarkeit, mit der der göttliche Erlöser seine Kirche bei der Definition der Glaubens- oder Sittenlehre ausgestattet sehen wollte; und daher sind solche Definitionen des Römischen Bischofs aus sich, nicht aber aufgrund der Zustimmung der Kirche unabänderlich. [66]

2. Zur Hermeneutik des Dogmas

(64) Bei der Auslegung des Dogmas ist vom Wortlaut der dogmatischen Definition selbst auszugehen. Das der Definition zugeordnete 4. Kapitel der Konstitution erschließt, wie die gesamte Konstitution, den näheren Sinnzusammenhang, in dem die Definition steht. Hinweise zur Aussageabsicht des Konzils sind den Stellungnahmen der zuständigen Konzilskommission zu entnehmen, mit denen diese auf Vorschläge und Einwände der Konzilsväter reagierte und den Sinn einzelner Formulierungen der Konsti-

---

66 „Romanum Pontificem, cum ex cathedra loquitur, id est, cum omnium Christianorum pastoris et doctoris munere fungens pro suprema sua Apostolica auctoritate doctrinam de fide vel moribus ab universa Ecclesia tenendam definit, per assistentiam divinam ipsi in beato Petro promissam, ea infallibilitate pollere, qua divinus Redemptor Ecclesiam suam in definienda doctrina de fide vel moribus instructam esse voluit; ideoque eiusmodi Romani Pontificis definitiones ex sese, non autem ex consensu Ecclesiae, irreformabiles esse."

tution erläuterte. Schließlich gibt auch die Konzilsdebatte Auskunft über die Anliegen und Absichten der Konzilsväter, die die Formulierung des Dogmas beeinflussten.

3. Der Inhalt des Dogmas

(65) Eine Entscheidung *ex cathedra* – die technische Bezeichnung, die das Konzil für unfehlbare Lehräußerungen des Papstes wählte – unterscheidet sich von anderen päpstlichen Lehräußerungen hinsichtlich des Subjekts, des Objekts und des Aktes.

(66) Eine *Ex-cathedra*-Entscheidung unterscheidet sich hinsichtlich des *Subjekts*: Unfehlbar ist eine Entscheidung des Papstes nur dann, „wenn er in Ausübung seines Amtes als Hirte und Lehrer aller Christen kraft seiner höchsten Apostolischen Autorität entscheidet" (DH 3074). Wie der Sprecher der zuständigen Kommission, Bischof Gasser, dazu bemerkte, kommt dem Papst Unfehlbarkeit nicht als Privatlehrer zu, sondern als *persona publica*, d. h. als irdisches Haupt und oberster Lehrer der Kirche und damit in seiner Beziehung zur universalen Kirche.[67]

(67) Die Formulierung *wenn er entscheidet* stellt klar – so Gasser –, dass Unfehlbarkeit keine habituelle Eigenschaft des Papstes ist, sondern auf solche Akte beschränkt ist, bei denen er sich auf seine höchste Autorität als Nachfolger Petri beruft. Gasser erklärte zudem, dass der Papst das Privileg der Unfehlbarkeit auch nicht generell kraft seines Amtes habe, sondern nur insofern er bei diesen bestimmten

---

67 Mansi 52, 1212f: „Infallibilitas personalis papae in se ipsa debet accuratius definiri, quod nempe non competit Romano pontifici quatenus est persona privata, neque etiam quatenus est doctor privatus, ... sed quatenus est persona Romani pontificis, seu persona publica, id est, caput ecclesiae in sua relatione ad ecclesiam universalem."

Akten Gottes Beistand erhalte.[68] Um kenntlich zu machen, dass es sich nicht um eine habituelle Eigenschaft handelt, wurde die ursprüngliche Überschrift des 4. Kapitels *De Romanorum pontificum infallibilitate* ersetzt durch die Formulierung *De Romani Pontificis infallibili magisterio*.[69]

(68) Eine *Ex-cathedra*-Entscheidung unterscheidet sich hinsichtlich des *Objekts*: Unfehlbarkeit kommt dem päpstlichen Lehramt nur bei der Definition einer *Glaubens- und Sittenlehre* zu (DH 3074). Im 4. Kapitel heißt es dazu:

> Den Nachfolgern des Petrus wurde der Heilige Geist nämlich nicht verheißen, damit sie durch seine Offenbarung eine neue Lehre ans Licht brächten, sondern damit sie mit seinem Beistand die durch die Apostel überlieferte Offenbarung bzw. die Hinterlassenschaft des Glaubens heilig bewahrten und getreu auslegten.[70]

(69) Mit der Einschränkung auf geoffenbarte Wahrheiten wird demnach die Normativität der apostolischen Offenbarungsüberlieferung unterstrichen. Ferner wird die Annahme einer besonderen Offenbarung oder einer Inspiration des Papstes als Grund seiner Unfehlbarkeit ausgeschlossen. Vielmehr gründet diese auf dem Beistand des Heiligen Geistes, der sowohl dem Petrus im Blick auf die Glaubenstreue der Kirche wie der glaubenden Kirche als ganzer verheißen ist. Die Unfehlbarkeit des päpstlichen

---

68 Mansi 52, 1213AB: „Neque etiam dicendus est pontifex infallibilis simpliciter ex auctoritate papatus, sed ut subest divinae assistentiae dirigenti in hoc certe et indubie ... Hinc sententia: Romanus pontifex est infallibilis ... est solummodo incompleta, cum papa solummodo est infallibilis quando solemni iudicio pro universa ecclesia res fidei et morum definit."

69 Mansi 52, 1218D.

70 „Neque enim Petri successoribus Spiritus Sanctus promissus est, ut eo revelante novam doctrinam patefacerent, sed ut, eo assistente traditam per Apostolos revelationem seu fidei depositum sancte custodirent et fideliter exponerent" (DH 3070).

Lehramtes ist Teilhabe an jener Unfehlbarkeit – wie es in der Definition heißt – „mit der der göttliche Erlöser seine Kirche bei der Definition der Glaubens- oder Sittenlehre ausgestattet sehen wollte" (DH 3074).

(70) Eine *Ex-cathedra*-Entscheidung unterscheidet sich hinsichtlich des *Aktes*: Unfehlbar spricht der Papst nur, wenn er entscheidet, „dass eine Glaubens- und Sittenlehre von der gesamten Kirche festzuhalten ist" (DH 3074). Eine *Ex-cathedra*-Entscheidung muss nämlich – so der Kommentar Gassers – nicht nur von privaten Äußerungen des Papstes unterschieden werden, sondern auch von solchen Lehräußerungen, die der Papst zwar als oberster Lehrer der Kirche vorträgt, auf die er aber die Gläubigen nicht endgültig verpflichten will. Bei *Ex-cathedra*-Entscheidungen muss der Papst ausdrücklich seine Absicht erklären, dass er ein endgültiges Urteil fällen will und die betreffende Lehre von der ganzen Kirche festzuhalten ist.[71]

(71) Die Definition schließt mit dem Satz: „daher sind solche Definitionen des Römischen Bischofs aus sich, nicht aber aufgrund der Zustimmung der Kirche unabänderlich" (DH 3074). Die Formulierung *aus sich* wurde erst unmittelbar vor der Schlussabstimmung durch den Zusatz *nicht aber aufgrund der Zustimmung der Kirche* ergänzt, ohne vorherige Befassung des Konzils mit dieser Ergänzung. Dieses Vorgehen veranlasste die Abreise der Minoritätsbischöfe vor der Schlussabstimmung.

(72) Tatsächlich vermittelt dieser Zusatz den Eindruck, dass sich auf dem Konzil die Vorstellung von einer von der

---

71 Mansi 52, 1225BC: „Quando summus pontifex loquitur ex cathedra, primo non tamquam doctor privatus, neque solum tamquam episcopus ac ordinarius alicuius dioecesis vel provinciae aliquid decernit, sed docet supremi omnium christianorum pastoris et doctoris munere fungens. Secundo non sufficit quivis modus proponendi doctrinam, etiam dum pontifex fungitur munere supremi pastoris et doctoris, sed requiritur intentio manifesta definiendi doctrinam … tenendam ab ecclesia universali."

Kirche losgelösten Unfehlbarkeit des Papstes durchgesetzt habe. Aufgrund dieses Eindrucks erlangte der Zusatz in der Zeit nach dem Konzil eine folgenschwere Bedeutung. Außerhalb der katholischen Kirche berief sich die Ablehnung dieses Dogmas auf ihn. Innerhalb der katholischen Kirche stützte sich die maximalistische Interpretation des Dogmas auf ihn, die in Katechese und Theologie an Raum gewann. In einer Zeit, in der sich die katholische Kirche geistig wie politisch in einem Belagerungszustand fühlte, erschien ihr der unfehlbare Papst als die letzte Bastion gegen den anstürmenden Unglauben. Die in der Definition genannten einschränkenden Bedingungen herunterspielend, ließ die maximalistische Interpretation die Unfehlbarkeit des Papstes als Grund und Quelle der Unfehlbarkeit der Kirche in Glaube und Lehre erscheinen. Das entsprach gleichzeitig der maximalistischen Interpretation des Dogmas vom päpstlichen Jurisdiktionsprimat.

(73) Der Zusatz macht die antigallikanische Stoßrichtung der Definition deutlich. Er soll wie die ganze Definition die Lehre des Gallikanismus ausschließen, dass die förmliche Zustimmung des Episkopats oder der Kirche absolut notwendig sei, damit eine *Ex-cathedra*-Entscheidung als irreformabel und irrtumslos gelten könne. Diese Lehre hatte dazu geführt, dass römische Lehräußerungen und -verurteilungen in Frankreich unter Berufung auf mangelnde Zustimmung wenig Wirkung hatten, wie etwa im jansenistischen Konflikt. Zudem war der Gallikanismus zu einer Ideologie entartet, die die Abhängigkeit der Kirche von der politischen Macht förderte.

(74) Der Sache nach verändert der Zusatz den Sinn der Definition nicht. Darauf machte Gasser aufmerksam. Der Zusatz drücke in negativer Form dasselbe aus, was der Ausdruck *aus sich* in positiver Form aussage, nämlich dass die Irreformabilität einer *Ex-cathedra*-Entscheidung einzig und allein im besonderen Auftrag und in der Verheißung Christi

an Petrus und in dem entsprechenden göttlichen Beistand begründet ist, der den Papst um der Glaubenstreue der Kirche willen bei einer solchen Entscheidung vor Irrtum bewahrt.[72]

(75) Trotz dieser zutreffenden Erläuterung Gassers ist der Zusatz geeignet, theologisch irreführend zu wirken, wie es die maximalistische Interpretation beweist. Er kann nämlich einen ausschließenden Gegensatz zwischen göttlichem Beistand und der Kooperation der Kirche bei der Wahrheitsfindung nahelegen, den es nicht gibt und der vom Konzil auch nicht intendiert war.

4. Hat das Konzil eine absolute, persönliche und separate Unfehlbarkeit des Papstes gelehrt?

(76) Gibt der genannte Zusatz immerhin die antigallikanische Stoßrichtung der Definition zu erkennen, so hat sich deren antigallikanische Schlagseite weit unglücklicher, weil versteckt, darin ausgewirkt, dass es der Minorität nicht gelang, die Erwähnung der Notwendigkeit einer angemessenen Mitwirkung der Kirche bei der Wahrheitsfindung in den Konzilstext einzubringen. Das Konzil verschloss sich diesem Wunsch, weil es befürchtete, mit einer solchen Erwähnung dem Gallikanismus einen Vorwand zu bieten, unter Berufung auf mangelnde Konsultation die Autorität von *Ex-cathedra*-Entscheidungen in Frage zu stellen. Mehr

---

72 Mansi 52, 1317AB: „Nam reapse cum dicimus, definitiones Romani pontificis ex cathedra loquentis esse irreformabiles ex sese, eo ipso enuntiamus causam irreformabilitatis sitam esse in ipsis decretis Romani pontificis, et non esse ponendam aliunde ex conditione quadam externa, ut est assensus episcoporum, assensus ecclesiae. Ergo haec verba nihil aliud continent nisi ulteriorem quandam explicationem, ut eandem rem primo dicamus positive et deinde negative ... ,Huiusmodi definitiones Romani pontificis irreformabiles esse ex sese, non autem ex consensu ecclesiae'."

noch als der genannte Zusatz förderte dieses Verschweigen des Angewiesenseins des Papstes auf Unterstützung bei der Wahrheitsfindung die maximalistische Interpretation des Dogmas. Ihr ging es nur um die souveräne Entscheidungsgewalt des Papstes, die ihr jede Wechselseitigkeit in der Beziehung Papst – Kirche auszuschließen schien. Die Tatsache, dass das Konzil dieses Angewiesensein des Papstes überhaupt nicht leugnen wollte, ist nur aus der Konzilsdebatte, besonders aber aus den Stellungnahmen der zuständigen Kommission zu entnehmen, die Gasser vortrug.

(77) Im Hinblick auf dieses Verschweigen warnten die Konzilsväter der Minorität vor der Definition einer absoluten, persönlichen und separaten Unfehlbarkeit des Papstes – eine Konzeption, die sie in den Vorentwürfen ausgemacht hatten. Seine Unfehlbarkeit erscheine *absolut*, wenn eine *Ex-cathedra*-Entscheidung an keine Bedingungen gebunden sei; *persönlich*, wenn sie allein vom Papst, seinem Willen und seiner Erkenntnis abhänge, was eine besondere Inspiration des Papstes nahelege; *separat*, wenn sie ohne jedwede Einbeziehung von Episkopat und Kirche bei der Wahrheitsfindung zustandekomme. Die Auseinandersetzung um diese drei Vorwürfe bildete den Kern der Konzilsdebatte.

(78) Was den Vorwurf einer *absoluten* Unfehlbarkeit angeht, gelang es der Minorität, zu einer Präzisierung der Bedingungen einer *Ex-cathedra*-Entscheidung beizutragen. Gasser bemerkte dazu:

Absolute Unfehlbarkeit kommt allein Gott zu, der ersten und wesentlichen Wahrheit, die niemals täuschen noch irgendwie getäuscht werden kann. Weil alle andere Unfehlbarkeit zu einem bestimmten Zweck mitgeteilt wird, hat sie Grenzen und Bedingungen, anhand deren ihr Vorliegen beurteilt werden kann.[73]

---

73 Mansi 52, 1214A: „Nullo in sensu infallibilitas pontificia est absoluta, nam infallibilitas absoluta competit soli Deo, primae et essentiali veritati, qui nullibi et numquam fallere nec falli potest. Omnis

(79) Gegenüber dem Vorwurf einer *persönlichen* Unfehlbarkeit erfolgten die schon genannten Hinweise Gassers, dass dem Papst Unfehlbarkeit weder als Privatperson noch als habituelle Eigenschaft zukomme oder aufgrund einer besonderen Offenbarung. Persönlich könne sie nur insofern genannt werden, als sie dem Papst kraft seines Amtes und für bestimmte Akte verheißen sei, nicht aber der römischen Ortskirche oder dem Apostolischen Stuhl, wie die Gallikaner behaupteten.[74]

(80) Der gewichtigste Vorwurf der Minorität zielte aber bis zuletzt darauf, dass der vorgelegte Text dem Papst eine *separate* Unfehlbarkeit zuschreibe. Er verschweige nämlich die Notwendigkeit, bei der Wahrheitsfindung die Kirche einzubeziehen. Hier prallten die unterschiedlichen Interessen von Majorität und Minorität aufeinander. Im Blick auf den Gallikanismus wollte die Mehrheit eine solche Erwähnung vermeiden, während für die Minorität ein Dogma vor allem authentische Bezeugung der geoffenbarten Wahrheit und des Glaubens der Kirche war. In der Sicht der Minorität ist zwar der Primat dem Petrus gegeben und nicht teilbar; aber als Bezeugung der Wahrheit gewinnt seine Entscheidung wie jedes Zeugnis an Überzeugungskraft durch

---

alia infallibilitas utpote communicata ad certum finem habet suos limites et suas conditiones, sub quibus adesse censetur." – Sämtliche Übersetzungen von Zitaten aus Mansi: die Gruppe von Farfa Sabina.

74 Mansi 52, 1212C: „Dicenda est personalis ut sic excludatur distinctio inter Romanum pontificem et Romanam ecclesiam. Porro infallibilitas dicitur personalis, ut sic excludatur distinctio inter sedem et sedentem. Cum haec distinctio in congregationibus generalibus nullos nacta fuerit patronos, etiam de iis aliquid addendo supersedeo. Reiecta ergo distinctione inter ecclesiam Romanam et Romanum pontificem, inter sedem et sedentem, id est, inter seriem universam et inter singulos Romanos pontifices in hac serie sibi succedentes, defendimus personalem Romani pontificis infallibilitatem eatenus, quatenus haec praerogativa omnibus et singulis legitimis Petri in cathedra eius successoribus ex Christi promissione competit."

den Konsens vieler Zeugen, weshalb seit altersher Synoden und Konzilien der ausgezeichnete Ort der Wahrheitsfindung und für Lehrentscheidungen waren. Unschwer zu erkennen, spielten bei dieser Streitfrage nicht nur die unterschiedlichen Interessen eine Rolle, sondern wirkte sich auch die komplexe Natur des Lehramtes aus, einerseits Rechtsbefugnis oder *potestas*, andererseits Zeugnis zu sein.

(81) Konkret ging die Minorität bei ihrer Argumentation davon aus, dass der Papst, weil nicht inspiriert, bei der Wahrheitsfindung auf menschliche Mittel angewiesen sei. Das angemessenste Mittel sei die Mitwirkung der Bischöfe bei der Wahrheitsfindung. Gleichfalls bezeugen Hirten und Lehrer in der Kirche den Glauben ihrer Partikularkirchen und tragen kollegiale Mitverantwortung für die gesamte Kirche.

(82) In ihrer Entgegnung ging die zuständige Kommission wiederholt und ausführlich auf dieses Anliegen der Minorität ein. In der Tat gehöre die Anwendung menschlicher Mittel zur Wahrheitsfindung. Der Papst habe die moralische Verpflichtung, sich gewissenhaft über Schrift und Tradition und durch die Bischöfe oder auf andere Weise über den Glauben der Kirche kundig zu machen. Das sei ein normales, ja notwendiges Vorgehen.[75] Dieser Gesichtspunkt wurde von Gasser mit Nachdruck unterstrichen.[76]

---

75 Mansi 52, 763D-764D: „Quare neque diligentiam neque curas potest omittere, quae necessario ad cognoscendam veritatem praerequiruntur. Idcirco papa inquisitionem instituit sive cum clero et theologis ecclesiae Romanae, sive cum formali synodo romana, ut inquirat quid in subiecta fidei et morum materia teneat ecclesia Romana, in qua immaculata semper est servata apostolica doctrina.“

76 Mansi 52, 1213CD: „Non separamus porro papam infallibiliter definientem a cooperatione et concursu ecclesiae, saltem id est in eo sensu, quod hanc cooperationem et hunc concursum ecclesiae non excludimus ..., quia infallibilitas pontificis Romani non per modum inspirationis vel revelationis, sed per modum divinae assistentiae ipsi obvenit. Hinc papa pro officio suo et rei gravitate tene-

Diese selbstverständliche moralische Verpflichtung des Papstes gehöre aber nicht in die Definition noch dürfe man die Art und Weise der Konsultation festlegen, da diese von den jeweiligen Umständen abhänge. Vor allem dürfe deren Notwendigkeit, die jedenfalls keine strikte und absolute sei, nicht als Bedingung für die Gültigkeit einer *Ex-cathedra*-Entscheidung verstanden werden – eine Bedingung, die sich aus der göttlichen Verfassung der Kirche ergeben würde. Aus Lk 22,32 gehe nämlich hervor, dass Petrus die Brüder im Glauben stärken solle. Deshalb sei ihm ein eigenes und unterschiedenes Privileg, das *charisma veritatis*, gegeben. Nur in diesem Sinne könne man von einer separaten Unfehlbarkeit sprechen. Sein Privileg trenne aber den Papst nicht von der Kirche. Denn aufgrund des göttlichen Beistands dürfe man darauf vertrauen, dass der Papst nicht willkürlich vorgehen werde und seiner Entscheidung der Konsens der Kirche niemals fehlen werde.[77]

(83) Alle diese Argumente für das von der Minorität kritisierte Verschweigen berührten indes nicht ein Anliegen der Minorität, das sich auf die Glaubwürdigkeit von *Ex-cathedra*-Entscheidungen bezog. Wie konnte der Anspruch des Papstes, mit seiner Entscheidung den Glauben der Kirche zu bezeugen, glaubwürdig sein, wenn für die Öffentlichkeit der Kirche nicht feststellbar war, wie er sich über diesen Glauben kundig gemacht hatte. Das wiederum geschah am besten durch die Einbeziehung des Episkopats in die Wahrheitsfindung. Gasser selbst hatte die Beziehung

---

tur media apta adhibere ad veritatem rite indagandam et apte enuntiandam; et eiusmodi media sunt concilia vel etiam consilia episcoporum, cardinalium, theologorum etc. Haec media pro diversitate rerum utique sunt diversa, et pie debemus credere quod in divina assistentia Petro et successoribus eius a Christo Domino facta, simul etiam contineatur promissio mediorum, quae necessaria aptaque ad affirmandum infallibile pontificis iudicium."
77 Mansi 52, 765C; 1213f; 1216A–1217A.

Papst – Kirche als eine *publica relatio* bezeichnet, die folgerichtig den Bedingungen der Öffentlichkeit unterliegt.

(84) Die Darlegungen im Namen der Kommission lassen erkennen, dass diese sich nicht den berechtigten Anliegen der Minorität ganz verschliessen konnte. Da die antigallikanische Stoßrichtung aber eine entsprechende Erwähnung in der Definition selbst ausschloss, entschied die Kommission, den folgenden Text in das 4. Kapitel aufzunehmen:

Die Römischen Bischöfe aber haben, je nachdem, wie es die Lage der Zeiten und Umstände erforderte, bald durch Einberufung von ökumenischen Konzilien oder Erkundung der Auffassung der auf dem Erdkreis verstreuten Kirche, bald durch Teilsynoden, bald unter Anwendung anderer Hilfsmittel, die die göttliche Vorsehung zur Verfügung stellte, das festzuhalten bestimmt, was sie mit Gottes Hilfe als mit den heiligen Schriften und apostolischen Überlieferungen übereinstimmend erkannt hatten.[78]

(85) Die Aufnahme dieses Textes in die Konstitution war ein Erfolg der Minorität, der diese aber nicht befriedigen konnte. Der Text spricht nicht von der Notwendigkeit einer angemessenen Mitwirkung von Episkopat und Kirche und bezieht sich nur auf die Vergangenheit. Die Frage blieb, ob die frühere Praxis auch die zukünftige Praxis bestimmen solle – eine Frage, die für zahlreiche Bischöfe der Minorität schließlich für ihre Zustimmung zum Dogma entscheidend war. Hier kam ihnen ein Buch von Bischof Feßler von St. Pölten, dem Sekretär des Konzils, zu Hilfe, das bald nach dem Konzil erschien. Er erklärte, dass dieser

---

78 „Romani autem Pontifices, prout temporum et rerum condicio suadebat, nunc convocatis oecumenicis Conciliis aut explorata Ecclesiae per orbem dispersae sententia, nunc per Synodos particulares, nunc aliis, quae divina suppeditabat providentia, adhibitis auxiliis, ea tenenda definiverunt, quae sacris Scripturis et apostolicis traditionibus consentanea, Deo adiutore, cognoverant" (DH 3069).

Text für die Interpretation des Dogmas wesentlich sei, weil die Päpste auch in Zukunft in dieser Weise handeln würden.[79] Entscheidend war aber, dass Feßler von Pius IX. ein Schreiben erhielt, in dem dieser feststellte, Feßler habe in seinem Buch den wahren Sinn des Dogmas ins rechte Licht gerückt.[80]

(86) Mit einem Wort: Die Darlegungen im Namen der zuständigen Kommission geben klar zu erkennen, dass das Schweigen der Definition über die Pflicht des Papstes zur Konsultation, über deren Angemessenheit und prinzipielle Notwendigkeit und über den subsidiären Charakter von *Ex-cathedra*-Entscheidungen keine Ablehnung bedeutet. Das Verschweigen hat aber die maximalistische Interpretation des Dogmas gefördert, die ihrerseits dem Bestreben nach einem weiteren Ausbau des Jurisdiktionsprimats entsprach und diese Entwicklung verstärkte. Dass Pius XII. das Dogma von 1950 als *Ex-cathedra*-Entscheidung verkündete, widersprach dem Hinweis Gassers auf den subsidiären Charakter solcher Entscheidungen. Keinen Zweifel aber hat das I. Vaticanum an der absoluten Bindung des Papstes an die Zeugnisse der Offenbarung und den auf ihnen gründenden Glauben der Kirche gelassen.

5. Das Dogma im II. Vaticanum

(87) Das II. Vaticanum hat das Dogma des I. Vaticanum unverändert übernommen. Allerdings hat es Akzente gesetzt, die der maximalistischen Interpretation des Dogmas den Boden entziehen. So übernahm es aus den Akten des I. Vaticanum den Hinweis Gassers auf die Pflicht des

---

79 Vgl. *J. Feßler*, Die wahre und die falsche Unfehlbarkeit der Päpste, Wien 1871, 21.
80 Vgl. *K. Schatz*, Vaticanum I 1869–1870, Bd. III, Paderborn 1994, 297.

Papstes zu einem gewissenhaften Vorgehen bei der Wahrheitsfindung. Außerdem nennt es mit der höchsten Lehrautorität des Papstes auch diejenige des Bischofskollegiums und deren Unfehlbarkeit – ein Thema, mit dem sich das I. Vaticanum nicht mehr befassen konnte. So heißt es in der Konstitution *Lumen gentium*:

Wenn aber der Römische Bischof oder die Körperschaft der Bischöfe in Verbindung mit ihm einen Satz definieren, legen sie ihn gemäß der Offenbarung selbst vor, zu der zu stehen und nach der sich zu richten alle gehalten sind, und die in Schrift oder Überlieferung durch die rechtmäßige Nachfolge der Bischöfe und insbesondere durch die Sorge des Bischofs von Rom selbst unversehrt weitergegeben und im Licht des Geistes der Wahrheit in der Kirche unantastbar bewahrt und getreu ausgelegt wird. Um sie recht zu erforschen und geeignet zu verkündigen, mühen sich der Bischof von Rom und die Bischöfe eifrig mit geeigneten Mitteln entsprechend ihrer Pflicht und dem Gewicht der Sache; eine neue öffentliche Offenbarung aber, die gleichsam zur göttlichen Hinterlassenschaft des Glaubens gehörte, empfangen sie nicht. [81]

Die der Kirche verheißene Unfehlbarkeit wohnt auch der Körperschaft der Bischöfe inne, wenn sie das oberste Lehramt zusammen mit dem Nachfolger des Petrus ausübt. [82]

---

81 „Cum autem sive Romanus Pontifex sive Corpus Episcoporum cum eo sententiam definiunt, eam proferunt secundum ipsam Revelationem, cui omnes stare et conformari tenentur et quae scripta vel tradita per legitimam Episcoporum successionem et imprimis ipsius Romani Pontificis cura integre transmittitur, atque praelucente Spiritu veritatis in Ecclesia sancte servatur et fideliter exponitur. Ad quam rite indagandam et apte enuntiandam, Romanus Pontifex et Episcopi, pro officio suo et rei gravitate, per media apta, sedulo operam navant; novam vero revelationem publicam tamquam ad divinum fidei depositum pertinentem non accipiunt" (LG 25; DH 4150).

82 „Infallibilitas Ecclesiae promissa in corpore Episcoporum quoque inest, quando supremum magisterium cum Petri Successore exercet" (LG 25; DH 4149).

(88) Ferner übernahm das II. Vaticanum die erläuternden Bemerkungen Gassers zu dem umstrittenen Zusatz *nicht aber aufgrund der Zustimmung der Kirche.*

Daher heißen seine Bestimmungen zu Recht aus sich und nicht aus der Zustimmung der Kirche heraus unveränderlich, da sie ja unter dem Beistand des Heiligen Geistes, der ihm im seligen Petrus verheißen wurde, vorgebracht sind, und deshalb keiner Bestätigung durch andere bedürfen noch irgendeine Berufung an ein anderes Urteil zulassen. In diesem Falle trägt nämlich der Römische Bischof seine Entscheidung nicht als Privatperson vor, sondern legt als oberster Lehrer der gesamten Kirche, dem auf einzigartige Weise die Gnadengabe der Unfehlbarkeit der Kirche selbst innewohnt, die Lehre des katholischen Glaubens aus und schützt sie.[83]

(89) Es fällt aber auf, dass das II. Vaticanum nicht die weitergehenden Bemerkungen Gassers zur prinzipiellen, wenn auch nicht absoluten Notwendigkeit der Konsultation von Episkopat und Kirche sowie zum subsidiären Charakter von *Ex-cathedra*-Entscheidungen übernahm.

(90) Schließlich nimmt das II. Vaticanum auch die folgende Bemerkung Gassers auf:

Diesen Bestimmungen aber kann wegen der Wirksamkeit desselben Heiligen Geistes, durch welche die gesamte Herde Christi in der Einheit des Glaubens bewahrt wird und fortschreitet, die Zustimmung der Kirche niemals fehlen.[84]

---

83 „Quare definitiones eius ex sese, et non ex consensu Ecclesiae, irreformabiles merito dicuntur, quippe quae sub assistentia Spiritus Sancti, ipsi in beato Petro promissa, prolatae sint, ideoque nulla indigeant aliorum approbatione, nec ullam ad aliud iudicium appellationem patiantur. Tunc enim Romanus Pontifex non ut persona privata sententiam profert, sed ut universalis Ecclesiae magister supremus, in quo charisma infallibilitatis ipsius Ecclesiae singulariter inest, doctrinam fidei catholicae exponit vel tuetur" (LG 25; DH 4149).

84 „Istis autem definitionibus assensus Ecclesiae numquam deesse potest propter actionem eiusdem Spiritus Sancti, qua universus

(91) Diese Versicherung erhält dadurch ein besonderes Gewicht, dass das Konzil der Übereinstimmung des Volkes Gottes im Glauben eine der Unfehlbarkeit des Lehramtes korrespondierende Unfehlbarkeit zuspricht. Diese wird mit dem Glaubenssinn des Volkes Gottes begründet, *„der vom Geist der Wahrheit geweckt und erhalten wird"*. Es heißt dort, dass die Gesamtheit der Gläubigen im Glauben nicht fehlgehen könne (*in credendo falli nequit*), was dann zu Tage trete, wenn sie, Bischöfe und Laien, ihren universalen Konsens in Sachen des Glaubens und der Moral äußern (vgl. LG 12; DH 4130).

(92) Da die katholische Theologie seit jeher die Möglichkeit eines häretischen Papstes nicht ausschließt, hat die Versicherung Gassers und des II. Vaticanum, einer *Ex-cathedra*-Entscheidung werde der universale Konsens nie fehlen, führende Theologen – von ihnen wurde einer Papst, die beiden anderen Kardinäle – die Ansicht äußern lassen, dass die förmliche Verweigerung der Zustimmung seitens des Episkopats und der ganzen Kirche ein Zeichen dafür wäre, dass eine *Ex-cathedra*-Entscheidung in diesem Falle nicht bzw. nur scheinbar vorliege.[85] Die Frage, ob demnach ein Verbindlichkeitsvorbehalt gegeben und berechtigt ist, der sich aus der absoluten Bindung des Papstes an die Zeugnisse der Offenbarung und den Glauben der Kirche herleitet, verdient Beachtung. Denn ein qualifizierter Widerspruch seitens der ganzen Kirche müsste sich auf eben diese Bindung berufen. Im übrigen fand die kriteriologische Rolle, die der Rezeption konziliarer Lehrentscheidungen durch die Kirche im ersten Jahrtausend zugeschrieben

---

Christi grex in unitate fidei servatur et proficit" (LG 25; DH 4149).
85 Vgl. *J. Ratzinger*, Das neue Volk Gottes, Düsseldorf 1969, 144; *W. Kasper*, Zur Diskussion um das Problem der Unfehlbarkeit, in: *H. Küng* (Hrsg.), Fehlbar? Eine Bilanz, Zürich 1973, 84; *A. Dulles*, A Church to Believe In, New York 1982, 1987, 139.

wurde, die Aufmerksamkeit der nachkonziliaren Theologie.[86]

B. Die Universaljurisdiktion des Papstes

(93) Aus komplexen dogmatischen und historischen Gründen schienen vor dem Ersten Vatikanischen Konzil Einwände gegen das Papsttum von seiten anderer Kirchen unüberwindlich. Mit dem Dogma von der päpstlichen Universaljurisdiktion wurden diese im Wesentlichen ekklesiologischen Einwände noch unüberwindlicher denn je zuvor, zumal in den Augen der Orthodoxen, wie im Laufe der Diskussionen Bischof Papp-Szilagyi bereits vorhergesagt hatte: „Die Orientalen lehnen ein solches Leitungssystem, wo der Papst ohne Begrenzungen als ein absoluter Monarch gesehen wird, als häretisch ab."[87]

(94) Das Erste Vaticanum promulgierte jenes Dogma in folgenden Worten:

Wer deshalb sagt, der Römische Bischof besitze lediglich das Amt der Aufsicht bzw. Leitung, nicht aber die volle und höchste Jurisdiktionsvollmacht über die gesamte Kirche, nicht nur in Angelegenheiten, die den Glauben und die Sitten, sondern auch in solchen, die die Disziplin und Leitung der auf dem ganzen Erdkreis verbreiteten Kirche betreffen; oder er habe nur einen größeren Anteil, nicht aber die ganze Fülle dieser höchsten Vollmacht; oder diese seine Vollmacht sei nicht ordentlich und unmittelbar sowohl über alle und die einzelnen Kirchen als auch über alle und die einzelnen Hirten und Gläubigen: der sei mit dem Anathema belegt.[88]

---

86 Vgl. Art. Rezeption, in: LThK, Freiburg ³1999, Bd. 8, 1147–1152.
87 Mansi 52, 310 B: „Hinc systema de absoluta et irrestricta monarchia papae respuunt tamquam haereticum."
88 „Si quis itaque dixerit, Romanum Pontificem habere tantummodo officium inspectionis vel directionis, non autem plenam et supremam potestatem iurisdictionis in universam Ecclesiam, non solum in rebus, quae ad fidem et mores, sed etiam in iis, quae ad discipli-

(95) Dieses Verständnis der Universaljurisdiktion ist deshalb ein, wenn nicht *das* wesentliche Hindernis für eine Annäherung zwischen der Römisch-katholischen Kirche und allen anderen Kirchen. Es erklärt, warum die *Joint International Commission for Theological Dialogue between the Roman Catholic Church and the Orthodox Church* sich entschied (und zwar mit Recht), die Universaljurisdiktion vor der Unfehlbarkeit zu debattieren, weil wir hier mit einer fundamentalen ekklesiologischen Frage konfrontiert sind: Ist es theologisch vertretbar, *die Kirche* als *communio* zu verstehen, ohne gleichzeitig festzustellen, dass diese *communio* eine *Gemeinschaft von Kirchen* (im Plural) ist? Dies ist es aber, was das I. Vaticanum zu tun scheint, und darüber würde man sich kaum ökumenisch einigen können.

(96) Der Dialog über den römischen Primat muss mit Vorurteilen zurechtkommen. Anfang des 20. Jahrhunderts gaben einige Anglikaner eine viel sagende, immer noch aktuelle Beschreibung des Problems, wenn sie davon sprachen, „vereint, aber nicht absorbiert" zu sein. Dass dies mit dem Dogma von 1870 kompatibel ist, lässt sich in folgenden vier Schritten nachweisen:

1. Vaticanum I erörterte den Primat ohne jeglichen Konnex mit der Gemeinschaft der Kirche*n* (*communio ecclesiarum*), wogegen die heutige katholische Interpretation die internen und externen Begrenzungen eines solchen Zugangs anerkennt.
2. Vaticanum II korrigierte das maximalistische Verständnis der Lehre des I. Vaticanum. Dies hat sich aber kaum in Angelegenheiten kirchlicher Disziplin ausgewirkt.

---

nam et regimen Ecclesiae per totum orbem diffusae pertinent; aut eum habere tantum potiores partes, non vero totam plenitudinem huius supremae potestatis; aut hanc eius potestatem non esse ordinariam et immediatam sive in omnes ac singulas ecclesias sive in omnes et singulos pastores et fideles: anathema sit" (DH 3064).

3. Die mehr repräsentative katholische Theologie hat den römischen Primat in den Rahmen einer Gemeinschaft von Kirchen integriert.
4. Die katholische Kirche muss sich um einen neuen kanonischen Zugang bemühen und ihre dogmatische Hermeneutik im Blick auf den römischen Primat ergänzen.

1. Die päpstliche Universaljurisdiktion – Inhalt und Begrenzung

(97) Seit einem halben Jahrhundert sind sich katholische Theologen der von der Formulierung der Definition des I. Vaticanum herrührenden Begrenzungen bewusst, die grundsätzlich darin bestehen, dass man sich mit dem römischen Primat ohne ausdrücklichen Bezug auf die Gemeinschaft der Kirchen beschäftigte. Dies wird deutlich sowohl im Vokabular als auch in der allgemeinen Strukturierung des Ganzen.

(98) Das zur Definition der päpstlichen Jurisdiktion angewandte Vokabular hat viele Missverständnisse bezüglich der Beziehung zu anderen Bischöfen wie auch zum kanonischen Recht veranlasst. Das I. Vaticanum drückt sich in einer so technischen Sprache aus, dass selbst Katholiken – ob sie nun für oder gegen die Definition waren – sie oft falsch interpretiert haben.[89]

---

89 Bereits während des I. Vaticanum bedauerte der Mainzer Bischof, von Ketteler, die Wahl von Termini, die Missverständnisse hervorrufen könnten, wobei er sogar insinuierte, dass jene Wortwahl absichtlich gewesen sein könnte: „Die ganze Behandlung der Lehre vom Primat weckt den Verdacht, dass es nie beabsichtigt war, eine genaue und authentische Beschreibung der Kirche zu geben [...] sondern eher zu jeder Zeit und an jedem Ort die zwar heilige, aber nicht einzige Autorität des Heiligen römischen Stuhls möglichst zu vergrößern. Gleichfalls werden mehrdeutige Formulierungen und Ausdrücke gebraucht, die zwar gewiss präzise interpretiert, aber

(99) Das I. Vaticanum schreibt dem Papst *ordentliche Gewalt* zu, die jedoch der näheren Erklärung bedarf. Vor der Abstimmung der Konzilsväter erläuterte Mgr. Zinelli von der Glaubensdeputation klar, dass der Terminus *ordentlich* ausschließlich im Sinne des kanonischen Rechts verstanden werden müsse:

Alle Rechtsexperten, alle Doktoren des kanonischen Rechts und alle amtlichen Verlautbarungen der Kirche unterscheiden zwischen ordentlicher und delegierter Gewalt. Alle stimmen überein, dass *ordentliche Gewalt* einer Person zugeschrieben wird kraft des ihr gegebenen Amtes, während *delegierte Gewalt* im Namen einer anderen Person ausgeübt wird, die ihrerseits *ordentliche Gewalt* ausübt. Durch die Erläuterung dieser Termini ist, so scheint es der Deputation, der Streit beendet.[90]

---

ganz leicht dahingehend missverstanden werden können, dass einerseits die Rechte der Bischöfe abgelehnt würden und andererseits dem Römischen Pontifex Autorität zuerkannt werde, die lediglich Christus selbst zustehe. Solches ist freilich nicht beabsichtigt [...] Aber warum denn nicht die Dinge so formulieren, dass jegliche Möglichkeit der Fehlinterpretation der Texte verhindert wird?" (Mansi 52, 208D–209A: „Tota enim expositio de primatu talis est, ut in lectore sponte provocet suspicionem credendi, non fuisse intentionem doctrinam de ecclesia germano et nativo sensu ac splendido ac harmonico modo exponere; sed eo potius omnia studia tendere, ut auctoritas primae sedis, quae utique sanctissima sed tamen non unica est auctoritas in ecclesia, semper et ubique ad extremum usque audiatur. Simul etiam verba adhibentur ancipitia, quae quidem rectum sensum admittunt, sed facillime etiam praepostere intelligi possent, atque adversariis nostris ansam praebere inde colligendi divina iura episcoporum negata et Romano pontifici dominium attributum esse, quod soli auctori ecclesiae Christo Domino competit. Nemo certo inter nos, qui iura episcoporum laedere velit; sed cur non adhibentur verba, quibus omnis praetextus sinistrae institutionis sine ambagibus excludatur?")

90 Mansi 52, 1105AB: „Apud omnes iurisconsultos aut iuris canonici doctores, apud omnia acta ecclesiastica dividitur potestas in ordinariam et delegatam. Omnes dicunt potestatem ordinariam, quae alicui competit ratione muneris, delegatam, quae non competit alicui ratione muneris, sed nomine alterius exercetur, in quo est ordinaria. Explicato sensu vocabulorum, lis ut videtur Deputationi, finita est."

(100) Dies ist die Lehre des I. Vaticanum. Der Terminus macht aus dem Papst weder einen ersten noch einen zweiten Ordinarius der Diözesen, wie er auch nicht impliziert, dass päpstliche Autorität gewöhnlich über die ganze Kirche ausgeübt wird.

(101) Wiederum vor Beginn der Abstimmung erklärte Mgr. Zinelli detailliert, was unter dem Ausdruck *unmittelbar* zu verstehen sei: „Gewalt, die ohne den notwendigen Rekurs auf einen Mittelsmann ausgeübt werden kann, nennt sich unmittelbar."[91] Dies ist die Definition des I. Vaticanum. Der Terminus *unmittelbar* bedeutet nicht, dass päpstliche Autorität normalerweise über die ganze Kirche in alltäglichen Angelegenheiten ausgeübt wird, wohl aber impliziert er, dass der Papst keinen Dritten um Erlaubnis bitten muss, seinen Primat auszuüben.

(102) Vor der Abstimmung machte Mgr. Zinelli einen Hinweis auf vier Begrenzungen päpstlicher Gewalt, wobei er keinen Zweifel aufkommen ließ im Blick auf den *Umfang* („über alle und die einzelnen Kirchen als auch über alle und die einzelnen Hirten und Gläubigen") und den *Inhalt* (*fides et mores*, Disziplin, Kirchenleitung) päpstlicher Jurisdiktion.

– *Erste Begrenzung*: die dem Papst eigene Fülle der Gewalt kommt auch dem von ihm geleiteten Bischofskollegium zu, sei dieses zum Konzil versammelt oder über den Erdkreis verstreut.[92] Die Definition impliziert nicht,

---

91 Mansi 52, 1105B: „Immediata est ea potestas, quae exerceri potest sine adhibito medio necessario, scilicet medio ad quod adhibendum tenemur."

92 Mansi 52, 1110A: „Wir sind der Meinung, dass die volle und höchste Gewalt dem souveränen Pontifex als Haupt zukommt, und dass dieselbe gänzlich volle und höchste Gewalt dem mit den Gliedern vereinten Haupt, d. h. dem Pontifex zusammen mit den Bischöfen zukommt." – „E contra nos admittimus vere plenam et supremam potestatem existere in summo pontifice veluti capite, et eandem vere plenam et supremam potestatem esse etiam in capite cum membris coniuncto, scilicet in pontifice cum episcopis … "

dass die Gewalt eines Bischofs aus derjenigen des Papstes[93] hergeleitet wird, und sie ändert nichts am Status eines ökumenischen Konzils.[94]

- *Zweite Begrenzung*: die päpstliche Jurisdiktion wird vom Naturrecht und vom göttlichen Recht[95], normalerweise auch von den gültigen kanonischen Vorschriften und vom Gewohnheitsrecht[96] begrenzt. Nach göttlichem

---

93 Mansi 52, 1314A: „Die Definition, laut welcher die vollständige Fülle der höchsten Gewalt dem souveränen Pontifex zukommt, beeinträchtigt in keiner Weise die freie Diskussion der Theorien über den Ursprung der bischöflichen Jurisdiktion in den Fakultäten." – „Nullo modo per definitionem qua asseritur, totam plenitudinem potestatis supremae esse in summo pontifice, laeduntur sententiae, quae libere in scholis disputantur de derivatione iurisdictionis episcopalis. Disputant theologi, num potestas iurisdictionis, quae est in episcopis, derivetur immediate a Deo an immediate a summo pontifice."

94 Mansi 52, 1201D: „Obwohl dem souveränen Pontifex die volle Jurisdiktion zugeschrieben wird, gibt es keinen Grund zu befürchten, dass dies irgendeine Reduktion des status (dignitatem) des ökumenischen Konzils zur Folge haben sollte." – „De plenitudine potestatis iurisdictionis in pontifice, in toto suo ambitu acceptanda, nulli ambigendi igitur locus; nec ulli scrupulum moveat quasi totam plenitudinem potestatis iurisdictionis tribuentes summo pontifici, ullo modo laedamus dignitatem concilii oecumenici."

95 Mansi 52, 1108D–1109A: „Diese Gewalt ist voll in dem Sinne, dass sie von keiner vermeintlich höheren menschlichen Gewalt begrenzt (*coarctari*) werden kann, sondern nur vom natürlichen und göttlichen Gesetz." – „Nam ex omnibus his fontibus revelationis apparet, Petro et eius successoribus datam fuisse veram plenam eamque supremam in ecclesia potestatem, scilicet plenam ita ut coarctari non possit ab ulla potestate humana ipsa superiore, sed a iure tantum naturali et divino". Im unmittelbar vorhergehenden Satz werden diese *fontes* genannt: sacra scriptura, traditio, definitiones conciliorum.

96 Mansi 52, 1109A: „Jede Moraltheologie verkündigt, dass kein Gesetzgeber die weisen und heiligen, auf die Apostel der Kirche zurückgehenden kanonischen Ordnungen umwerfen könne, weil er selber an dieselben Gesetze gebunden sei, die den Charakter von freilich nicht zwingenden Richtlinien besitzen." – „Hinc vani et futiles … illi clamores, qui difficillime ut serii considerari possunt, ne si papae tribuatur perplena et suprema potestas, ipse possit

Recht muss der Papst die Offenbarung und die früheren Konzilsentscheidungen respektieren sowie die Grundordnung der Kirche, die das Bischofsamt und daher auch notwendigerweise das Leben der Diözesen wie auch die Konziliarität und Kollegialität umfasst. Zinelli stellt auch klar, dass die Papstdogmen die *iure humano* bestehende patriarchale Ordnung nicht aufheben wollen.[97]

– *Dritte Begrenzung*: die offizielle Erklärung der Termini *ordentlich, unmittelbar* und *wahrhaft bischöflich* (das freilich nicht Teil der Definition ist) gibt die Zusicherung, dass päpstliche Gewalt in den Ortskirchen nur im Notfall ausgeübt wird.

– *Vierte Begrenzung*: Mgr. Zinelli stellt wiederum klar, dass päpstliche Gewalt nur für „den Aufbau der Kirche, und nicht um sie zu zerstören" ausgeübt werden kann. Als Zerstörung würde es angesehen, wenn der Papst das göttliche Gesetz und besonders die bischöfliche Ordnung gefährden würde.[98]

---

destruere episcopatum, qui iure divino est in ecclesia, possit omnes canonicas sanctiones sapienter et sancte ab apostolis et ecclesia emanatas susque deque evertere, quasi omnis theologia moralis non clamitet legislatorem ipsum subiici quoad vim directivam, non quoad coactivam, suis legibus, quasi praecepta evidenter iniusta, nulla et damnosa possent inducere obligationem, nisi ad scandalum vitandum."

97 Mansi 52, 1103BC: „Auctor 12ae emendationis eam etiam ob causam expungi vellet secundam hanc paragraphum, quia per verba ‚cuiuscumque ritus et dignitatis' timet, ne videamur derogare privilegiis et iuribus patriarcharum orientalium. At consideret reverendissimus pater quod iam diximus, nos hic versari in privilegiis iure divino concessis Romano pontifice; ac proinde nos loqui de superioritate iure divino pertinente ad primatum; nullo modo igitur derogatur per definitiones, quae hic ferentur, privilegiis iure humano ac proinde mutabili forsan competentibus patriarchis."

98 Mansi 52, 1114D: „Keine rechtschaffene Person könnte sagen, dass entweder der Papst oder ein ökumenisches Konzil das Bischofsamt und die anderen Wirklichkeiten des göttlichen Gesetzes zerstören

(103) Auch der Begriff einer *wahrhaft bischöflichen Gewalt* könnte sehr zweideutig sein. Bischof de Las Cases von Constantine war misstrauisch. Seiner Meinung nach hatte man ihn nur mit einer Absicht gewählt, um „aus dem Papst den einen wahren Bischof zu machen mit einer unmittelbaren und ordentlichen Funktion in jeder Diözese und dabei aus den anderen Bischöfen in Wirklichkeit, wenn auch dem Namen nach freilich Bischöfe, bloße Stellvertreter".[99] Wenn die Jurisdiktion des Papstes, so Zinelli, in dem dem Kanon vorhergehenden Text als „wahrhaft bischöflich" beschrieben worden wäre, müsste sie so verstanden werden, dass päpstliche und bischöfliche Jurisdiktion denselben Zweck haben, nämlich die Herde zu weiden. Der Ausdruck ist aber nicht in den Kanon aufgenommen worden und ist nicht Teil des katholischen Glaubens. So lehrt das Erste Vatikanische Konzil, dass der Papst in den Ortskirchen weder Bischof neben dem Ortsordinarius noch Bischof der katholischen Kirche ist.[100]

könnte." – „Et nemo sanus dicere potest, aut papam aut concilium oecumenicum posse destruere episcopatum caeteraque iure divina in ecclesia determinata." Dies wird ähnlich wiederholt in 1116A: „Nam quis suspicari posset, pontifici auctoritatem datam esse ad destructionem et non potius ad aedificationem ecclesiae?"

99 Mansi 52, 338: „Porro nihil aliud intendere videtur schema, nisi ut inducat novam pontificis iurisdictionem; quae adeo episcopos et dioceses singulas immediate et ordinarie involvit, ut solus revera maneat papa omnis ecclesiae episcopus, caeteri vero episcopi quoad nomen, vicarii quoad rem."

100 Der Titel *Bischof der katholischen Kirche*, mit dem Paul VI. die Akten des II. Vaticanum unterschrieb, wurde von den Päpsten des 4. und 5. Jahrhunderts in den Lokalsynoden gebraucht, um sie von anderen (rivalisierenden) Bischöfen derselben Stadt zu unterscheiden. Dieser Titel bedeutet, dass der Betreffende zur katholischen Kirche *gehört* und nicht, dass er Bischof *über* die katholische Kirche ist. Siehe die philologische Studie von *H. Marot*, Note sur l'expression *Episcopus catholicae ecclesiae*, in: Irénikon 37 (1964), 221–226. *G. May*, Ego N.N. Catholicae Ecclesiae Episcopus. Entstehung, Entwicklung und Bedeutung einer Unterschriftsformel im Hinblick auf den Universalepiskopat des Papstes (Kanonistische Studien und Texte

(104) Kurz nach Abbruch des I. Vaticanum wurde die Konstitution *Pastor Aeternus* vom deutschen Reichskanzler Otto von Bismarck in den deutschen Kulturkampf einbezogen. Dies geschah in der bereits am 14. Mai 1872 abgefassten, aber erst am 29. Dezember 1874 veröffentlichten Circular-Depesche[101], in der Bismarck das Verhältnis zwischen dem Deutschen Reich und dem Papst durch den vom Konzil als Lehrsatz festgelegten römischen Zentralismus und päpstlichen Totalitarismus als unerträglich belastet beschreibt.[102] Dieser Frontalangriff von politischer Seite wurde vom deutschen Episkopat in einer Erklärung, die in den ersten Monaten von 1875 von allen Bischöfen unterzeichnet wurde, mit dem Hinweis, dass die Thesen von Bismarck zu den Konzilsdefinitionen entschieden im Widerspruch stünden, abgewiesen, und Pius IX. bestätigte am 4. März 1875 in einem *Apostolischen Schreiben* (*Mirabilis illa constantia*) die in seinen Augen richtige Interpretation der Konzilsbeschlüsse durch die deutschen Bischöfe.[103] Schließ-

---

43), Duncker und Humblot, Berlin 1995, versuchte, für einen solchen Universalepiskopat hauptsächlich auf Grund von Schriften aus dem Mittelalter Beweis zu führen; er ist kritisiert worden von *H. Zimmermann* in einer Besprechung in: Zeitschrift der Savigny-Stiftung für Rechtsgeschichte, Kanonistische Abteilung 84 (1998), 629–632.

101 Im Einzelnen behauptete die Cirkular-Depesche u. a., der Papst könne nach dem I. Vaticanum in jeder Diözese die bischöflichen Rechte an sich reißen und die Gewalt des Ortsbischofs aufheben. Die bischöfliche Jurisdiktion sei durch die päpstliche absorbiert, und der Papst könne im Prinzip jeden einzelnen Bischof ersetzen, was die Bischöfe zu Instrumenten in der Hand des Papstes ohne jegliche persönliche Verantwortung reduziere.

102 Siehe hierzu DH 3112–3117.

103 Pius IX. verdeutlicht ausdrücklich: „Die Klarheit und Gediegenheit Eurer Erklärung ist fürwahr so, daß sie, da sie nichts zu wünschen übrig läßt, nur Anlaß zu Unseren großartigsten Glückwünschen geben dürfte, wenn nicht die verschlagene Stimme bestimmter Zeitungen ein noch gewichtigeres Zeugnis von Uns erforderte, die, um die Kraft des von Euch zurückgewiesenen Schreibens wiederherzustellen, versuchte, Eurer Ausarbeitung die Glaubwürdig-

lich hieß Pius IX. den Schritt der deutschen Bischöfe gut „mit der Fülle seiner Apostolischen Autorität".[104]

(105) Zusammenfassend kann nach einer Überprüfung dessen, wofür in der Tat votiert wurde, festgestellt werden, dass das I. Vaticanum den Papst nicht zum absoluten Monarchen der Kirche machte.

2. Die Ergänzungsbedürftigkeit des I. Vaticanum

(106) Auf Grund ihres begrifflichen Horizontes und ihres historischen Hintergrundes sowie auf Grund des Abbruchs des Konzils unterliegen die Aussagen des I. Vaticanum einer dreifachen strukturellen Defizienz:

– Weil das Konzil wegen des französisch-preußischen Krieges vorzeitig abgebrochen wurde, konnte nur eines der ursprünglich geplanten 15 Kapitel des Schemas, nämlich dasjenige über den Primat, diskutiert und angenommen werden, wobei nichts über die Bischöfe als solche gesagt wurde. Eine solche Struktur der Mitteilung musste zu einer *notwendig defizienten Aussage* über den Primat führen, die durch eine adäquate Darlegung der katholischen Ekklesiologie *ergänzt und abgewogen werden muss.*

---

keit abzusprechen, indem sie einredete, die Lehre der Konzilsdefinitionen sei von Euch gemildert und deswegen keineswegs entsprechend der Absicht dieses Apostolischen Stuhles gebilligt worden. Wir verwerfen deshalb diese durchtriebene und verleumderische Unterstellung und Andeutung; denn Eure Erklärung gibt die echt katholische und deswegen des heiligen Konzils und dieses Heiligen Stuhles Auffassung mit schlagenden und unwiderlegbaren Beweisgründen aufs geschickteste gestützt und glänzend erläutert … wieder …" (DH 3117).

104 Der Text ist von *O. Rousseau* veröffentlicht: La vraie valeur de l'épiscopat dans l'Eglise, in: Irénikon 29 (1956), 150.

– Die Konzilsdefinition war aber nicht nur aus nicht vor-
hersehbaren historischen Gründen defizitär. Ein zusätz-
licher Grund ist, dass die Struktur der Definition *absichtlich auf das Papstamt als solches konzentriert ist*. Eine Mehrheit der Bischöfe erblickte in einem gestärkten Papstamt
einen Schutz der Freiheit der Kirche und im allgemeinen eine Kraft der Einheit gegenüber der modernen
Welt. Der Verlust des Kirchenstaates (20.09.1870) nach
Abschluss des Konzils (18.07.1870) ließ die Konzilsdefinition für die Mehrheit der Bischöfe an Überzeugungskraft gewinnen. Die Bischöfe waren in der Tat von der
Aufklärung und der Französischen Revolution, vom
Fortschritt der Naturwissenschaft, vom Absolutismus
moderner Staaten wie auch vom Episkopalismus und
Febronianismus traumatisiert. Im Kielwasser einer Ver-
nachlässigung der Kollegialität der Bischöfe, der Synodalität ökumenischer Konzilien, der Gemeinschaft der
Kirchen und ihrer legitimen Verschiedenheit sowie der
Verantwortlichkeit des Papstes ergab sich eine ernst-
hafte systemische Defizienz.
– Das I. Vaticanum fand statt, ohne dass sich die Bischöfe
das neue historische Bewusstsein angeeignet hatten,
welches es ihnen ermöglicht hätte, die Ergebnisse historischer Forschung insbesondere auf dem Gebiet der
Bibelwissenschaften angemessen zur Kenntnis zu nehmen (z. B. im Blick auf die neutestamentlichen Petrus-
stellen). Gleichermaßen fehlte der *Rezeption* des I. Vaticanum ein vergleichbarer Sinn für Geschichtlichkeit: die
kanonische und disziplinäre Interpretation des Konzils
war sich ihrer historischen Begrenzung nicht bewusst
und erhielt so gewissermaßen einen überzeitlichen
Wert.

(107) Zusammenfassend kann festgestellt werden, dass
eine Analyse der begrifflichen, systemischen und histo-

rischen Grenzen des I. Vaticanum genügt, um zu erklären, warum das II. Vaticanum die Notwendigkeit verspürte, das I. Vaticanum einem umfassendereren ekklesiologischen Kontext einzuordnen. Die Frage ist nun, ob dies dem Zweiten Vaticanum hinreichend gelungen ist.

3. Das I. Vaticanum im II. Vaticanum

(108) Das Zweite Vatikanische Konzil versteht die Diözese als *Teilkirche* (Partikularkirche) in dem Sinne, dass sie das Wesen der Kirche verwirklicht. CD 11 lehrt dies ausdrücklich:

> Die Diözese ist der Teil des Gottesvolkes, der dem Bischof ... zu weiden anvertraut ist. ... sie (bildet) eine Teilkirche, in der die eine, heilige, katholische und apostolische Kirche Christi wahrhaft wirkt und gegenwärtig ist.[105]

(109) So sind die Diözesen nicht Teilkirchen in dem Sinne, dass alle Teile zusammen genommen erst das vollständige Wesen von Kirche ausmachen. Ohne dass eine Diözese die ganze Kirche ist, ist sie jedoch nichtsdestoweniger in vollem Sinne die Kirche. Es ist dies das Fundament eucharistischer Ekklesiologie – eine immer mehr von Katholiken und Orthodoxen gemeinsam geteilte Position – die gleichzeitig aus dem Singular der *Gemeinschaft der Kirche* den Plural der *Gemeinschaft der Kirchen* macht.

(110) LG 23 lehrt, dass die Diözesen als Partikularkirchen zu verstehen sind, „... in quibus et ex quibus una et

---

105 „Dioecesis est Populi Dei portio, quae Episcopo ... pascenda concreditur, ita ut ... Ecclesiam particularem constituat, in qua vere inest et operatur Una Sancta Catholica et Apostolica Christi Ecclesia."

unica Ecclesia catholica exsistit".[106] Diese wesentliche Feststellung vervollständigt und stellt im Hinblick auf das I. Vaticanum das theologische Gleichgewicht wieder her: da die Kirche als eine Gemeinschaft von Kirchen verstanden wird, ist im Prinzip dem Dialog zwischen den Kirchen der Weg geebnet. Die *communio ecclesiae* ist theologisch als eine *communio ecclesiarum* strukturiert.

(111) Im Unterschied zu Pius XII. lehrt das II. Vaticanum, dass die Bischöfe ihren Leitungsauftrag direkt von Christus empfangen.[107] Damit ist ein Thema angesprochen, das kurz zu erläutern ist. Die Ordination begründet in der Kirche ausgeübte Vollmacht. Das gilt für das Presbyterat wie für das Episkopat gleichermaßen. In der Bischofskonsekration werden nun bestimmte, schon durch die Presbyterordination grundsätzlich mitgegebene Vollmachten zur Ausübung freigesetzt.[108] Die überlieferte kanonistische Trennung von *Weihegewalt* (die durch *Christus* in der Ordination übertragen und in der Bischofskonsekration freigesetzt wird) und *Hirtengewalt* bzw. *Jurisdiktion* (die dem Bischof vom *Papst* verliehen wird, so noch Pius XII.) wird vom II. Vaticanum aufgehoben, indem beide Gewalten, also Weihe- und Hirtengewalt, unmittelbar von Christus durch Ordination und Bischofskonsekration dem Bischof zur Ausübung über-

---

106 „In ihnen und aus ihnen (sc. den Partikularkirchen) besteht die eine und einzige katholische Kirche."

107 LG 27: „Haec potestas, qua nomine Christi personaliter funguntur, est propria, ordinaria et immediata" („Diese Gewalt, die sie im Namen Christi persönlich ausüben, kommt ihnen als eigene, ordentliche und unmittelbare Gewalt zu").

108 Zur Beziehung von Priester und Bischof siehe H. *Müller*, Zum Verhältnis zwischen Episkopat und Presbyterat im Zweiten Vatikanischen Konzil, Wien 1971, und H. *Jorissen*, Behindert die Amtsfrage die Einheit der Kirchen? Katholisches Plädoyer für die Anerkennung der reformatorischen Ämter, in: Eucharistische Gastfreundschaft. Ein Plädoyer evangelischer und katholischer Theologen, hrsg. v. *J. Brosseder und H.-G. Link*, Neukirchen-Vluyn 2003, 85–97.

tragen werden. Deshalb müssen wir die Bischöfe als „vicarii et legati Christi ... neque vicarii Romanorum Pontificum" („Stellvertreter und Gesandte Christi ... und nicht als Stellvertreter der Bischöfe von Rom" [LG 27]) betrachten. Nach dem neuen CIC (1983) *gewährt* der Papst nicht mehr den Bischöfen ihre Gewalt, sondern er *reserviert* um der universalkirchlichen Einheit willen für sich selbst gewisse Vorrechte, die die Bischöfe zu Recht ausüben könnten. Der Bischof trägt also im Namen Christi, und nicht im Namen des Papstes, Verantwortung für seine Ortskirche. Zusammen mit den anderen Bischöfen bildet er das Kollegium der Bischöfe. Die obligatorischen Bischofskonferenzen, von denen (oder von deren Zusammenschluss [CD 38.5]) eine den altkirchlichen Patriarchaten analoge Rolle erhofft wird (LG 23), könnten eine neue Grundlage für die Existenz von Kirchen in der Gemeinschaft der Kirche werden.

C. Eine lutherische Antwort auf die Interpretationen von *Pastor Aeternus*

(112) Lutheraner sind davon überzeugt, dass zum Glauben als Vertrauen auch eine Kenntnis dessen, woran jemand glaubt, gehört. Das, woran jemand glaubt, lässt sich in Sätzen aussagen. Deshalb spielen die *assertiones* – Aussagen mit Verbindlichkeitsanspruch – bei Martin Luther eine so große Rolle: „Tolle assertiones, et Christianismum tulisti."[109] Die Pointe der Menschwerdung Gottes in Jesus Christus und des offenbarenden Wirkens des Heiligen Geistes ist nicht ein skeptischer Verbindlichkeitsvorbehalt gegenüber jeder lehrhaften Aussage, wie dies in den Augen Luthers bei Erasmus der Fall ist, sondern die Gewissheit, dass sich der sich selbst erschließende Gott erkennen und definitiv

---

109 WA 18, 603,28f (De servo arbitrio; 1525).

bekennen lässt. In seinem *Bekenntnis*, das der Schrift *Vom Abendmahl Christi* (1528) beigefügt ist, stellt Luther fest: „[...] so will ich vor Gott und aller Welt meinen Glauben Stück für Stück bekennen, darauf ich gedenke zu bleiben bis in den Tod, darin – des mir Gott helfe – von dieser Welt zu scheiden und vor unseres Herrn Jesu Christi Richtstuhl kommen."[110] Insofern es dem Unfehlbarkeitsdogma darum geht, dass es in der Kirche feste, uneingeschränkt verlässliche Glaubensaussagen gibt, sind Lutheraner dafür offen.

(113) Freilich betonen Lutheraner, dass jede dogmatische Aussage, die in der Kirche Verbindlichkeit beansprucht, in der Heiligen Schrift begründet und dass dies auch transparent sein muss. In dieser Hinsicht kann von einer *präzisen* Verbindlichkeits*bedingung* gesprochen werden. Lutheraner sind sich allerdings auch dessen bewusst, dass man Schrift und kirchliche Lehre nicht unvermittelt nebeneinander oder gegeneinander stellen und vergleichen kann; vielmehr ist es die Schrift, *wie sie sich bestimmten Christen erschlossen hat*, die in ein Verhältnis zu einer bestimmten Lehre gesetzt wird. Diese Lehre beansprucht ihrerseits, direkt oder indirekt Schriftauslegung zu sein. So stehen sich nicht einfach Schrift und kirchliche Lehre gegenüber, sondern Schrift, wie sie von bestimmten Menschen erkannt und verstanden wird, und kirchliche Lehraussagen, also letztlich verschiedene Schriftauslegungen, die beanspruchen, den wahren Sinn der Schrift zur Geltung zu bringen.

(114) Die Sorgen und Zweifel des katholischen Lehramts, eine möglicherweise sehr subjektive und willkürliche Auslegung der Heiligen Schrift durch einzelne Christen könnte zum Maß der Beurteilung der kirchlichen Lehraussagen gemacht werden, ist Lutheranern nachvollziehbar. Jedoch haben sie ebenso große Sorgen und Zweifel, ob der

---

110 Vom Abendmahl Christi. Bekenntnis (1528): WA 26, 499, 7–10. 19–23.

Papst diesen Subjektivismus in der Auslegung der Heiligen Schrift überwindet, oder ob er möglicherweise der höchste Ausdruck eines solchen Subjektivismus ist, wenn er, wie es vielen scheint, in eigener Machtvollkommenheit Lehrurteile fällt. So lässt sich der lutherische Einwand formulieren.

(115) Im Blick auf diese Sorgen und Zweifel ist es von großer Bedeutung, wie in den vorausgehenden Abschnitten die Lehre von der päpstlichen Unfehlbarkeit und vom universalen Jurisdiktionsprimat ausgelegt worden ist.

(116) Die oben vorgestellten Interpretationen unterscheiden mit Recht klar zwischen Jurisdiktion und Unfehlbarkeit. Sie argumentieren mit Hilfe dessen, was im Konzil selbst zur Interpretation der zu treffenden Beschlüsse von den zuständigen Kommissionen vorgebracht worden ist. Diese Erläuterungen betreffen zum Teil Bedenken der Minoritätsbischöfe, die Einwänden von lutherischer Seite nicht unähnlich sind. Die Präzisierungen der Kompetenzen des Papstes, die die beiden Interpretationen plausibel darlegen, sind für das ökumenische Gespräch sehr wichtig. Ferner verweisen sie darauf, dass das Konzil in mehrfacher Weise begrenzt war. Das Konzil wurde wegen des deutsch-französischen Krieges abgebrochen und konnte deshalb die Frage nach der Autorität in der Kirche nicht umfassend behandeln. Die Frage nach dem Ort und Rang der Bischöfe in der Kirche und ihren Aufgaben und Rechten wurde erst auf dem Zweiten Vatikanischen Konzil eingehend erörtert und als kirchliche Lehre explizit formuliert. Dieser historischen Gegebenheit entspricht die hermeneutische Regel, dass die Ergebnisse des Ersten Vatikanischen Konzils im Licht der Aussagen des Zweiten Vatikanischen Konzils zu lesen sind. Dadurch werden sie in ihrem Gehalt bewahrt und dennoch in einen komplexeren Zusammenhang gestellt. Dadurch wird – das ist die Annahme jener Interpretationen –

ihre aus den geschichtlichen Gegebenheiten resultierende Einseitigkeit überwunden.

(117) Die Interpretationen erörtern noch eine zweite Beschränkung, die durch Bewegungen wie den Gallikanismus und viele andere für die Kirche belastende Veränderungen zustande gekommen ist. Die Kirche sah sich von übermächtigen Gegnern bedrängt und in die Ecke getrieben. Da schien es sehr vielen Bischöfen angebracht, die Autorität des Papstes zu stärken und sich ihr radikal zu unterstellen. *Pastor aeternus* wird von vielen katholischen Theologen als Reaktion auf jene Situation erklärt und von ihr her plausibel gemacht. Nun sind aber jene Zeitumstände längst vergangen, die Römisch-katholische Kirche befindet sich heute in einer gänzlich anderen Situation. Während sich jene Zeitläufte geändert haben, bleibt die dogmatische Reaktion auf sie, und zwar irreversibel. Die historische Erklärung, die das Dogma historisch verständlich macht, erschwert gerade den systematischen Zugang. Auch wenn die oben gegebenen Interpretationen deutlich gemacht haben, dass der Papst in Urteilen mit Unfehlbarkeitsanspruch wie auch in der Ausübung seiner Jurisdiktion vielfach gebunden und eingebunden ist – gebunden an Schrift, Tradition, Naturrecht, eingebunden in die *communio* der Bischöfe, so ist dies dennoch nicht ausdrücklich und vor allem nicht als Bedingung der Rechtmäßigkeit seiner Entscheidungen formuliert. Denn dann würde sogleich die Frage *Quis judicabit* entstehen, wenn es nämlich Menschen gibt, die der Meinung sind, jene Bedingungen seien nicht eingehalten worden. Gäbe es aber eine solche urteilende Instanz, dann wäre der Primat des Papstes durch Einbindung in synodale Strukturen, die ein wirkliches Gegengewicht bilden würden, relativiert – eben in Relation gesetzt zu einer anderen Instanz. Angesichts jener Zeitumstände wollte das Erste Vatikanische Konzil das nicht. So bleiben nur das Vertrauen und die feste Erwartung, dass der Papst

sich so verhalten wird, wie er dies der Sache nach tun sollte, auch wenn niemand diesen Anspruch einklagen kann. Auf lutherischer Seite bleiben gewisse Zweifel, ob das Zweite Vatikanische Konzil die Einseitigkeit des Ersten ganz überwinden konnte.

(118) Man wird verstehen, dass Christen anderer Kirchen jenes Vertrauen in die Amtsführung des Papstes nicht leicht aufbringen können. Sie haben Jahrhunderte lang ohne den Papst, ja in Ablehnung des Papstes gelebt. Haltungen, Gefühle, theologische Urteile, die in Jahrhunderten gewachsen sind, können nur in einem langen Prozess der Vertrauensbildung verändert und unter Umständen überwunden werden. Die für einen solchen Prozess notwendigen Veränderungen müssten auf beiden Seiten sehr tief sein. Wenn das römisch-katholische Lehramt sein Amt universal in dem Sinn ausüben will, dass es glaubende Zustimmung auch bei Christen und Kirchen außerhalb der Römisch-katholischen Kirche sucht, wird es dann nicht deren kirchliche Lehren und Traditionen mit in seine Urteilsbildung einbeziehen müssen? Müssten diese Kirchen dann aber umgekehrt nicht auch offen sein zur Mitwirkung an der gemeinsamen Urteilsbildung und schließlich auch bereit sein, diese als verbindlich anzuerkennen?

(119) Im Blick auf den universalen Jurisdiktionsprimat ist es sehr wichtig, dass damit nicht gemeint ist, der Papst regiere ständig in die Belange von Diözesen hinein, sondern dass er das nur in Notfällen tut. Freilich: Es ist der Papst, der darüber entscheidet, ob ein Notfall vorliegt oder nicht. Wieder geht es um das Vertrauen, dass der Papst diese Entscheidung richtig trifft. Christen, deren Kirchen nicht als Kirchen im eigentlichen Sinn anerkannt werden, werden Mühe haben, dieses Vertrauen aufzubringen. Umgekehrt aber müssen sich diese Christen und Kirchen fragen lassen, ob es nicht in der Tat Fragen der Ordnung der Kirchen gibt, die universal – für alle Kirchen gemeinsam – zu lösen sind

und ob eine Verweigerung dieser Universalität – Katholizität – nicht ihr Kirchesein verwundet.

(120) Die vorgetragenen Interpretationen des Unfehlbarkeitsdogmas und der Lehre von der universalen Jurisdiktion des Papstes eröffnen neue Möglichkeiten für das ökumenische Gespräch. Sie erlauben es, zum Kern der Kontroverse vorzudringen, statt sich mit Fragen, die letztlich zweitrangig sind, zu beschäftigen. Sie stellen eine Herausforderung für beide Seiten dar, was sich auch daran zeigt, dass jene Interpretationen in der Römisch-katholischen Kirche umstritten sind. Dennoch ist die lutherische Seite davon überzeugt, dass es sich dabei um die beste und angemessenste Interpretation von *Pastor aeternus* handelt. Auch wenn man weiß, dass sich geschichtlich nicht immer die bessere Interpretation von maßgeblichen Texten durchsetzt, so ist doch immer mit der zwanglosen Kraft des besseren Arguments zu rechnen.

D. Notwendigkeit des Lehr- und Jurisdiktionsprimats? Eine ökumenische Reflexion

(121) Im Mittelalter und in den Auseinandersetzungen der Reformationszeit haben die Päpste den *Anspruch* erhoben, ihr Amt sei ein Amt *iure divino*. Dieser Anspruch war damals jedoch keineswegs amtliche Lehre der Kirche. Das I. Vatikanische Konzil hat mit *Pastor aeternus* eine *dogmatische Lehre* vom Amt des Papstes vorgelegt, die gegenüber der Reformationszeit eine neue Lage geschaffen hat, die es nicht-römisch-katholischen Christen noch schwerer gemacht hat, ein positives Verhältnis zum Primat des Papstes zu entwickeln. Nun haben die Interpretationen von *Pastor aeternus* und unsere Diskussion darüber gezeigt, dass die reformatorische Kritik am *ius-divinum*-Anspruch der Sache nach aufgenommen ist, so dass im Blick auf die dort behaupteten

Kompetenzen des Papstes präziser diskutiert werden konnte. Noch nicht erörtert wurde die Frage der *Notwendigkeit* des päpstlichen Lehr- und Jurisdiktionsprimats für die Kirche.

(122) Zunächst gilt, dass die Frage der *Notwendigkeit* des Primats heute nicht mehr wie zur Zeit der Reformation die Frage nach seiner *Heils*notwendigkeit ist. Als *heilsnotwendig* wird das Papstamt katholischerseits nicht mehr gesehen[111], sonst wären nach lutherischem Denken schon hier die Botschaft von der Rechtfertigung und damit das Evangelium und sein Primat in Frage gestellt. Heute richtet sich die Frage nach der *Notwendigkeit* des Primats auf seine *ekklesiale* Notwendigkeit, also darauf, ob der Primat für die *volle* Wirklichkeit der Kirche notwendig ist.

(123) Diese Wandlung der Fragestellung ist von großer Bedeutung, obgleich für lutherisches Denken die Frage nach der *Notwendigkeit* des Primats auch in ihrer veränderten Gestalt weiterhin problematisch ist. Denn einmal bleibt auch die *ekklesiale* Notwendigkeit des Primats zumindest offen für eine Deutung im Sinne seiner *Heils*notwendigkeit und müsste klar von einer solchen Deutung abgegrenzt werden[112]; zum anderen und vor allem kann die Frage der ekklesialen Notwendigkeit des Primats auf keinen Fall so beantwortet werden, dass dadurch das bisherige und gegen-

---

111 Freilich gibt es im I. Vaticanum Aussagen, die man immer noch im Sinne einer Heilsnotwendigkeit des Primats verstehen könnte (DH 3056; 3060; 3071), auch wenn ihnen die Direktheit der Aussagen eines Bonifaz VIII. (Bulle *Unam Sanctam*, 1302) oder eines Leo X. (5. Laterankonzil, 1516) fehlt.

112 Verwiesen sei hier auf die – zur Primatsfrage weitgehend parallel verlaufenden – Überlegungen und Verständigungsbemühungen des internationalen katholisch/lutherischen Dialogs im Blick auf die „ekklesiale Notwendigkeit" des in apostolischer Sukzession stehenden Bischofsamtes (Kirche und Rechtfertigung. Das Verständnis der Kirche im Licht der Rechtfertigungslehre, Paderborn-Frankfurt/Main 1994, Nr. 191–204).

wärtige volle Kirche-Sein der lutherischen Kirchen in Frage gestellt oder geschmälert würde.

(124) Hier könnte eine weitere Differenzierung entscheidend weiterführen. Es ist die Unterscheidung zwischen *notwendig zum Kirchesein* und *notwendig zur Einheit der Kirche*. Zwar birgt auch eine solche Differenzierung ihre Schwierigkeiten, gehört doch die Einheit zu den Wesensattributen der Kirche.[113] Dennoch ist es so, dass die neue Offenheit für einen Primat, die sich heute in der Ökumene zeigt, zu einer solchen Unterscheidung geradezu drängt. Denn was man in der nicht-katholischen Christenheit am Primat als wichtig bejaht und was man von ihm erwartet, ist ganz offensichtlich sein Dienst an der *Einheit* der universalen Kirche und nicht, dass er den anderen Kirchen zu ihrem vollen Kirchesein verhelfen würde. Das aber bedeutet: Die gesamte nicht-katholische Primatserwartung läuft auf eben jene Differenzierung zwischen *Kirche* und *Einheit der Kirche* hinaus und richtet sich auf das letztere. Mit dem Gelingen dieser Unterscheidung würde die neue ökumenische Offenheit für einen Primat stehen und fallen. Sie würde sich wieder verlieren, wenn diese Unterscheidung nicht gelänge und der Primat strikt und undifferenziert als *notwendig zum Kirchesein der Kirche* verstanden werden müsste. Man wird darum bei der gemeinsamen Erörterung der Primatsfrage mit allem Nachdruck jene Differenzierung zwischen *Kirche* und *Einheit der*

---

113 Man denkt z. B. an die Kritik der Glaubenskongregation am Schlussbericht der internationalen anglikanisch/römisch-katholischen Kommission vom 27. März 1982: „Nach katholischer Tradition ist sichtbare Einheit nicht etwas Äußerliches, das zu den Teilkirchen, die schon in sich selber über das vollständige Wesen der Kirche verfügen und es verwirklichen, hinzukommt; vielmehr gehört diese Einheit zur innersten Struktur des Glaubens und durchdringt alle seine Elemente. Deshalb ist das Amt, das diese Einheit gemäß dem Willen des Herrn bewahrt, fördert und zum Ausdruck bringt (sc. der päpstliche Primat), ein *konstitutiver Teil des Wesens der Kirche selber*" (in: AAS 74 (1982) 1062–1074, Zitat 1070, Herderkorrespondenz 1982, 291).

Kirche zu bedenken haben und hier nicht von vornherein einen ungangbaren Weg sehen dürfen.[114]

(125) Auch im Blick auf die reformatorische Forderung einer dem Evangelium verpflichteten und an ihm orientierten *Hinterfragbarkeit päpstlicher Lehrentscheidungen* haben die Interpretationen von *Pastor aeternus* ein Tor zur ökumenischen Verständigung geöffnet: Wenn mit der Lehre des Vaticanum I nicht ausgeschlossen ist, sondern impliziert wird, der Papst seinerseits unterstelle sich der ihm übergeordneten Norm des Evangeliums, dann ist mit dieser Implikation grundsätzlich ein Weg zur katholisch-lutherischen Verständigung über die Frage der Unfehlbarkeit bereitet. Neben der Sorgfalt bei der Ermittlung des Sachgehalts der Heiligen Schrift ist auch hier, wie beim Jurisdiktionsprimat, eine wache ökumenische Sensibilität bei der konkreten Wahrnehmung des Dienstes an der *communio ecclesiarum*, an der Einheit der Kirchen erforderlich.

---

114 Dass dieser Weg keineswegs ungangbar ist, zeigt sich am Verhältnis der katholischen Kirche zu den orthodoxen Kirchen des Ostens, deren Ablehnung des päpstlichen Jurisdiktionsprimats wohl – nach katholischem Urteil – die volle kirchliche Einheit oder Gemeinschaft mit ihnen verhindert, ihr Kirchesein jedoch nicht in Frage stellt.

Kapitel III:
Konfessionelle Annäherungen
zur *communio ecclesiarum*
und zum Dienst an der Einheit

A. *Communio ecclesiarum* und der Dienst
an der Einheit in den lutherischen Kirchen

(126) Lutherische Kirchen haben ihre besondere Prägung in dem Bemühen erhalten, die Kontinuität mit der Kirche der Apostel und dem apostolischen Evangelium, die nach dem Urteil der Reformatoren die Kirche ihrer Zeit verloren oder doch verdunkelt hatte, wiederherzustellen. Weil im 16. Jahrhundert die Frage tief greifender religiöser Reformen, wie sie die Verkündigung und Lehre der Reformatoren auslösten, immer auch in den Verantwortungsbereich der maßgeblichen Autoritäten des politischen Gemeinwesens (Kaiser, Fürsten, Magistrate) gehörte, waren solche Reformen nicht ohne diese Autoritäten möglich, und sie haben diese sofort auf den Plan gerufen, sei es, dass sie Reformen förderten oder unterdrückten. Es waren bestimmte Territorien, in denen jene Reformen möglich oder eben auch unmöglich waren. So haben die lutherischen Kirchentümer sich in bestimmten Territorien ausbilden können, in anderen hingegen nicht. Das gilt nicht nur für Deutschland, sondern auch für Skandinavien. Im Augsburger Religionsfrieden von 1555 wurde den Anhängern der Augsburger Konfession Religionsfreiheit gewährt, freilich nur den Ständen des Reichs und nicht den Untertanen: *Cuius regio, eius religio.* Im Westfälischen Frieden (1648) wird die Religionsfreiheit auch auf die Reformierten ausgedehnt.

Durch diese geschichtlichen Umstände sind die lutherischen Kirchen stark territorial bestimmt. Weil die Bischöfe im deutschen Reich zugleich Fürsten waren, hat sich das Amt des Bischofs im traditionellen Sinn in den lutherischen Kirchen in Deutschland nicht bewahren lassen, anders als in Skandinavien. Durch Auswanderung und Mission sind auch in vielen anderen Ländern lutherische Gemeinden und Kirchen entstanden.

(127) Lutherische Kirchen haben immer den Anspruch auf Katholizität erhoben, auch wenn dieser Anspruch in Spannung zu ihrer Territorialität steht. Am Ende des ersten Teils der CA (nach Art. XXI) wird betont festgestellt:

Haec [Art. I–XXI] fere summa est doctrinae apud nos, in qua cerni potest nihil inesse, quod discrepet a scripturis vel ab ecclesia catholica vel ab ecclesia Romana, quatenus ex scriptoribus nobis nota est.[115]

(128) In den Ordinationszeugnissen der in Wittenberg seit 1535 vollzogenen Ordinationen verweist man mit besonderem Nachdruck „stets auf die Lehrübereinstimmung zwischen ‚ecclesia nostra‘ und der ‚catholica ecclesia Christi‘; unter letzterer verstand Luther (im Anschluß an das Apostolische Glaubensbekenntnis) die ‚gantze Christliche Kirche‘. Seit 1542 heißt es in den Zeugnissen verstärkend: ‚uno spiritu atque una voce cum ecclesia catholica Christi‘ … In gleicher Weise wird auf die Verwerfung der ‚fanaticae opiniones‘ durch das ‚iudicium catholicae ecclesiae Christi‘ hingewiesen. … In derselben Richtung liegt es auch, wenn man seit dem Sommer 1542 … stets einen ausdrücklichen Hinweis darauf einfügte, dass ‚iuxta doctrinam apostolicam‘ (vgl. vor allem Tit 1,5 und Eph 4,8.11) durch öffentliche Ordination dem Ordinanden das Lehramt und die

---

115 BSLK 83c, 7–11. Hier auch die (längere) deutsche Fassung des Textes.

Sakramentsverwaltung übertragen sei."[116] Wie die Katholizität ihrer Kirchen, so behaupten die lutherischen Kirchen auch ihre Kontinuität mit der Alten Kirche. Luther betont, dass „wir bey der rechten alten Kirche blieben, ja das wir die rechte alte Kirche sind".[117] In seinem Sendschreiben an Herzog Albrecht von Preußen von 1532 legt Luther Wert darauf, dass der Artikel über das Abendmahl

> von anfang der Christlichen Kirchen jnn aller Welt bis auff diese stund eintrechtiglich gegleubet und gehalden, Wie das aus weisen der lieben Veter bücher und schrifft, beide, Griechischer und Latinischer sprache … Denn es ferlich ist und erschrecklich, etwas zu hören odder zu gleuben widder das eintrechtig zeugnis, glauben und lere der gantzen heiligen Christlichen Kirchen, so von anfang her nu uber funfftzehen hunder jar jnn aller Wellt eintrechtiglich gehalten hat.[118]

(129) Luther kann auch ganz unbefangen vom Tatbestand der Sukzession sprechen:

> Die Apostel … sind ohne Vermittlung von Christus selbst berufen worden, wie die Propheten im Alten Testament von Gott selbst. Die Apostel haben nachher ihre Schüler berufen, wie Paulus den Timotheus, Titus usw. Die haben daraufhin Bischöfe berufen, wie Tit 1 sagt, die Bischöfe ihre Nachfolger bis in unsere Zeiten und sodann bis zum Ende der Welt.[119]

---

116 WA Br. 12, 448 (Einleitung des Herausgebers zu den Ordinationszeugnissen).
117 WA 51, 479, 17.
118 WA 30 III, 552, 5–15.
119 „Est itaque divina vocatio duplex, una mediata, altera immediata. Deus vocat nos hodie omnes ad ministerium verbi vocatione mediata, hoc est vocatione quae fit per medium, id est, per hominem. Apostoli vero immediate vocati sunt ab ipso Christo, sicut prophetae in veteri Testamento ab ipso Deo. Apostoli postea vocaverunt suos discipulos, ut Paulus Timotheum, Titum etc. Qui deinde Episcopos, ut Tit. 1., Episcopi suos successores vocaverunt usque ad nostra tempora et deinceps usque ad finem mundi, Et haec est vocatio mediata, quia per hominem fit, et tamen divina est" (WA 40 I, 59, 16–23).

1. Communio ecclesiarum – Inner-Lutherische Kirchengemeinschaft

(130) Die lutherischen Kirchen sind autonome Kirchen, die freilich Entscheidendes gemeinsam haben: Sie bekennen die Heilige Schrift des Alten und Neuen Testamentes als die höchste Quelle und Norm ihrer Lehre, ihres Lebens und ihres Dienstes. Sie sehen in den drei ökumenischen Glaubensbekenntnissen und in den lutherischen Bekenntnissen, vor allem in der unveränderten *Augsburgischen Konfession* und im *Kleinen Katechismus* Martin Luthers eine zutreffende Auslegung des Wortes Gottes.[120] Das ist die Lehrgrundlage des LWB (Art. II der Verfassung). Dies gilt, nach ihrem Selbstverständnis, für alle lutherischen Kirchen. Dass gleichwohl nicht alle diese Kirchen Mitgliedskirchen des Lutherischen Weltbunds sind, hängt damit zusammen, dass einige von ihnen der Meinung sind, dass trotz inhaltlich gleichem Bekenntnis dessen Verständnis verschieden ist.

(131) Nach CA VII ist zur Einheit der Kirche das *consentire de doctrina evangelii et de administratione sacramentorum* notwendig und ausreichend. In den fünfziger Jahren des 20. Jahrhunderts ist von lutherischen Theologen ein bestimmtes Konzept von Kirchengemeinschaft entwickelt worden, um das Verhältnis der lutherischen Kirchen zueinander und ebenso das Verhältnis der durch die Reformationen des 16. Jahrhunderts bestimmten Kirchen theologisch und praktisch zu bestimmen. In den Thesen der Vollversammlung des Lutherischen Weltbunds in Minneapolis heißt es:

---

120 Die Anerkenntnis der Lehrentscheidungen der vier ersten Ökumenischen Konzilien als rechte Auslegung der heiligen Schrift ist darin implizit enthalten (so ausdrücklich in der *Formula Concordiae*).

Für unsere lutherischen Kirchen mit ihrer verschiedenartigen Geschichte und in ihren je verschiedenen Lagen und Anforderungen der Gegenwart bedeutet jenes ‚Es ist genug' (in CA VII) die Überwindung der Schranken örtlicher, nationaler und organisatorischer Art und fordert von uns, unsere Einheit am Tisch des Herrn, wo wir an dem einen Leib teilhaben, zum Ausdruck zu bringen.[121]

(132) Wo eine Übereinstimmung im Verständnis des Evangeliums wie in der Feier der Sakramente gegeben ist, kann und sollte Kirchengemeinschaft, verstanden als Kanzel- und Abendmahlsgemeinschaft, erklärt werden. Da das ordinationsgebundene Amt der Kommunikation des Evangeliums und der Feier der Sakramente dient, ist mit der Anerkennung jener Gemeinsamkeit in Evangeliumsverkündigung und Sakramentenspendung auch das Amt implizit anerkannt. Diese wechselseitige Anerkennung des Amtes und der Ordination in den beteiligten Kirchen geschieht nun mit der Erklärung von Kirchengemeinschaft auch ausdrücklich. Intendiert ist, wenn möglich, gemeinsames Handeln der Kirchen („Zeugnis und Dienst") und eine gemeinsame weitergehende Klärung dessen, was das Evangelium in den jeweiligen Zeiten heißt und was aus ihm folgt und mit ihm verbunden oder auch von ihm ausgeschlossen ist. Auf der LWB-Vollversammlung in Budapest 1984 wurde Artikel III,1 der Verfassung so geändert, dass sich nunmehr alle LWB-Kirchen „als in Kanzel- und Abendmahlsgemeinschaft befindlich" wissen. Die Vollversammlung in Curitiba erklärte 1990, dass der LWB „eine Gemeinschaft von Kirchen" ist.

(133) In einer solchen *communio ecclesiarum* stellt sich die Frage nach deren Tiefe oder Intensität. Diese Frage entsteht daraus, dass es nicht genügt, ein gemeinsames Bekenntnis

---

121 These II, 5 (zitiert nach *P. Brunner*, Der Lutherische Weltbund als ekklesiologisches Problem, in: *ders.*, Pro Ecclesia II, Berlin 1966, [232–252] 247).

zu haben. Das Bekenntnis wie auch die Heilige Schrift, deren verbindliche Auslegung das Bekenntnis zu sein beansprucht, wollen in neuen Kontexten – sowohl in diachroner wie in synchroner Hinsicht – immer wieder neu verstanden, neu ausgelegt und auf neue Situationen bezogen werden. Angesichts dieser Notwendigkeit einer weiter gehenden Auslegung von Schrift und Bekenntnis und der ständigen Aufgabe der Kirchen, Entscheidungen über das Leben in der Kirche und in der Welt zu treffen, ist die Gemeinsamkeit in der Lehre des Evangeliums als Grundlage für die *communio ecclesiarum* immer wieder neu zu bewähren und zu gewinnen. Dazu bedarf es des Bewusstseins und der Instrumente für gemeinsame Lehraussagen wie für gemeinsame Entscheidungen, damit der Erklärung der *communio* der Kirchen auch eine tatsächliche Gemeinsamkeit im Lehren, Verkündigen und Leben der Kirchen entspricht.

(134) Wenn das *consentire de doctrina evangelii et de administratione sacramentorum* die Gemeinschaft (*communio*) der lutherischen Kirchen ermöglicht, sollte es auch im Vollzug jener *doctrina* eine Gemeinschaft geben, jedenfalls im Sinn einer wechselseitigen Rechenschaftspflicht und regelmäßigen gemeinsamen Beratungen in Fragen der Lehre. Wird der Dienst der Lehre in diesem Sinn in einem weiteren Raum als dem der einzelnen Kirche geübt, dann hilft dies, partikulare Probleme und Perspektiven zu relativieren und das Korrektiv der Einsichten anderer Kirchen ernst zu nehmen. Der LWB hat sich immer wieder dieser Aufgabe gestellt und im Auftrag der lutherischen Kirchen eine gemeinsame Urteilsbildung auch in Lehrfragen erreicht. Ein Beispiel dafür ist der Beschluss der LWB-Vollversammlung in Budapest 1984, die Mitgliedschaft der weißen Kirchen im südlichen Afrika, die die Trennung der Kirche aus rassischen Gründen nicht beendet und das Apartheidsystem nicht unzweideutig verurteilt hatten, ruhen zu lassen. Ein anderes Beispiel ist die Gemeinsame Erklärung zur Rechtferti-

gungslehre, die 1999 in Augsburg nach einem umfangreichen Beratungs- und Entscheidungsprozess in den Synoden der lutherischen Kirchen und im LWB von dessen Vertretern zusammen mit Repräsentanten der Römisch-katholischen Kirche unterzeichnet wurde. So ist die weltweite lutherische Gemeinschaft durchaus in der Lage, gemeinsame Lehraussagen zu treffen.

(135) Freilich zeigen beide Beispiele auch, dass es in den einzelnen Kirchen erhebliche Vorbehalte und Widerstände gegen verbindliche Lehraussagen und gegen kirchenleitende Funktionen, die über die selbständigen lokalen Kirchen hinausgehen, gibt. Der Prozess der gemeinsamen Entscheidungsfindung erweist sich als sehr schwierig. So kann man immer wieder einen Mangel an Katholizität und an Verbindlichkeit von Lehrurteilen, die von Kirchen auf lokaler wie auch überregionaler Ebene getroffen werden, feststellen.

2. *Communio ecclesiarum* weltweit

(136) Den lutherischen Kirchen kann jene weltweite *communio* lutherischer Kirchen nicht genug sein, weder in Hinsicht auf ihre Intensität wie auf ihre Extension. Was ihre Extension betrifft, so gibt es sehr viele Menschen, die durch ihre Taufe auf den dreieinigen Gott zum Leib Christi gehören und im Glauben an diesen Gott und sein Heil in der einen Kirche leben; sie gehören jedoch zu Kirchen, mit denen die lutherischen Kirchen nicht in Kirchengemeinschaft stehen. Das ist ein Widerspruch, den es zu bearbeiten gilt, wenn die lutherischen Kirchen und Christen den Dritten Glaubensartikel mit dem Bekenntnis zu der einen, heiligen, christlichen Kirche ernst nehmen. So folgt aus dem Glauben an den Heiligen Geist die ökumenische Öffnung und die ökumenische Arbeit der lutherischen Kirchen. Dabei

geht es erstens darum zu prüfen, was andere Kirchen, die christliche Kirchen zu sein beanspruchen, über das Evangelium lehren und wie sie die Sakramente verwalten wie auch, wie sie, weil das Evangelium sich nicht selbst predigt und sich die Sakramente nicht selbst spenden, die Beteiligung von Glaubenden an der Kommunikation des Evangeliums denken und wie sie diese realisieren (Amt und Priestertum aller Getauften). Hier geht es darum, Gemeinsamkeiten zu erkennen, die es erlauben, eine andere Gemeinschaft als christliche, das heißt apostolische Kirche anzuerkennen. Es geht zweitens darum, zu prüfen, welches die Hindernisse sind, die einer wechselseitigen Anerkennung der Gemeinschaften als christlicher Kirchen im Weg stehen, wie groß diese Hindernisse sind und ob und wie sie sich überwinden lassen.

(137) Das oben dargestellte Verständnis von Kirchengemeinschaft orientiert sich an CA VII. Aber obwohl für das *Augsburger Bekenntnis* jenes *consentire* in den Artikeln des Bekenntnisses selbst ausgedrückt ist, ist der dargestellte Begriff der Kirchengemeinschaft auch auf nichtlutherische evangelische Kirchen angewandt worden, ja die *Konkordie reformatorischer Kirchen in Europa (Leuenberger Konkordie)* ist bereits 1973 unterzeichnet worden. Mit ihr erklären „Kirchen verschiedenen Bekenntnisstandes" einander Kirchengemeinschaft, einige Jahre vor Budapest und Curitiba. In der *Leuenberger Konkordie* ist also das Einheitsverständnis von CA VII modifiziert aufgenommen worden: Es ist nicht, wie in der Gemeinschaft der lutherischen Kirchen, *ein explizites gemeinsames Bekenntnis*, das der Kirchengemeinschaft zugrunde liegt; vielmehr erklären sich Kirchen als in Kirchengemeinschaft befindlich in der Bindung an die in den beteiligten Kirchen bestehenden Bekenntnisse, und zwar mit Berufung auf *ein gemeinsames Verständnis des Evangeliums*, das in der Konkordie skizziert wird. So hat die Konkordie eine Brückenfunktion, die zum Ausdruck bringt, dass es

der dreieinige Gott und sein Heilshandeln in der Welt sind, die in den unterschiedlichen Bekenntnissen bekannt werden. Damit ist ein differenzierender Konsens erreicht, ein Konsens, der differenziert zwischen Inhalt und sprachlichem und begrifflichem Ausdruck, zwischen Zentrum und Rand, zwischen Bleibendem und zeitgebundenen Denkformen usw. Über CA VII hinaus ist in der Konkordie – wie in dem dargestellten Konzept von Kirchengemeinschaft – auch die Frage des Amtes ausdrücklich angesprochen. Die Frage des Amtes ist bei einer Erklärung von Kirchengemeinschaft unvermeidlich, weil die Anerkennung der wahren Verkündigung des Evangeliums und der rechten Verwaltung der Sakramente die *de facto*-Anerkennung des Amtes bedeutet. Schon die Erklärung von Kirchengemeinschaft als solche impliziert bestimmte Aussagen zum Amt: Kirchengemeinschaft kann nur erklärt werden, wenn es in den beteiligten Kirchen Institutionen gibt, die in der Lage sind, für diese Kirchen Kirchengemeinschaft zu erklären. Sofern ein gewisses Maß an Lehrübereinstimmung Voraussetzung für die Erklärung von Kirchengemeinschaft ist (und das muss sie sein, soll eine Gemeinschaft den Anspruch, apostolische Kirche zu sein, erfüllen können), dann muss es weiter eine Lehre, die in dieser Kirche verbindlich ist, geben sowie eine wie auch immer geartete *episkopè*, die zu sagen erlaubt, dass jene Lehre auch in Verkündigung und Sakramentsverwaltung zur Geltung kommt. Wenn mit Bezug auf CA VII angesichts getrennter Kirchen Kirchengemeinschaft erklärt wird, führt dieser Artikel aus inneren Gründen über sich hinaus.

(138) Im Zuge der ökumenischen Arbeit lutherischer Kirchen hat es eine Reihe von Erklärungen von – im Einzelnen unterschiedlich verstandener und auch gestufter – Kirchengemeinschaft gegeben, sachgemäß beginnend auf regionaler Ebene, neben der Leuenberger Kirchengemeinschaft (1973; jetzt: Gemeinschaft evangelischer Kirchen in

Europa) die *Gemeinsame Feststellung* von Meissen zwischen der Kirche von England, dem Bund der Evangelischen Kirchen in der Deutschen Demokratischen Republik und der Evangelischen Kirche in der Bundesrepublik Deutschland (1988), das *Porvoo Common Statement* zwischen den britischen und irischen anglikanischen Kirchen und den nordischen und baltischen lutherischen Kirchen (1992), die *Gemeinsame Erklärung von Reuilly* zwischen den anglikanischen Kirchen Großbritanniens und Irlands und den lutherischen und reformierten Kirchen Frankreichs (1999), *Called to Common Mission* zwischen der Episkopalkirche und der Evangelisch-lutherischen Kirche in Amerika (1999/2000).

(139) Mit der *Gemeinsamen Erklärung zur Rechtfertigungslehre* (1999) haben der LWB und die Römisch-katholische Kirche erklärt, „dass zwischen Lutheranern und Katholiken ein Konsens in Grundwahrheiten der Rechtfertigungslehre besteht" (Nr. 40). Und: „Die in dieser Erklärung vorgelegte Lehre der lutherischen Kirchen wird nicht von den Verurteilungen des Trienter Konzils getroffen. Die Verwerfungen der lutherischen Bekenntnisschriften treffen nicht die in dieser Erklärung vorgelegte Lehre der Römisch-Katholischen Kirche" (Nr. 41). Auf Grund der Tatsache, dass in der Frage der Sakramente und vor allem in der Frage des Amtes noch nicht in gleicher Weise ausgeräumte Differenzen bestehen, hat die Gemeinsame Erklärung noch nicht zur einer *communio ecclesiarum* der lutherischen Kirchen mit der Römisch-katholischen Kirche geführt. Im Verständnis dessen, was sichtbare Einheit der Kirche heißen soll, gibt es zwischen katholischer Kirche und lutherischen Kirchen gewichtige Unterschiede, insbesondere was den Stellenwert der *communio episcoporum* und die Aufgaben des Papstes betrifft.

B. *Communio ecclesiarum* und der Dienst an der Einheit in der Römisch-katholischen Kirche

(140) Auf dem Hintergrund der oben erwähnten Einheitsenzyklika *Ut unum sint*, in der Papst Johannes Paul II. zu „einem brüderlichen und geduldigen Dialog" mit den Verantwortlichen anderer Kirchen aufforderte, erhebt sich die unmittelbare Frage: Was kann von Seiten der römisch-katholischen Theologie dazu beigetragen werden, dass ein solcher Dialog mit den anderen christlichen Kirchen über ein universales Amt kirchlicher Einheit fruchtbringend geführt werden kann?

1. Ekklesiologische Leitlinien des Zweiten Vatikanischen Konzils

(141) Im Folgenden kann keine umfassende Ekklesiologie des Zweiten Vatikanischen Konzils geboten werden. Jedoch seien einige Gesichtspunkte hervorgehoben, die im ökumenischen Dialog im Blick auf die Wiederherstellung der *koinonia* der Kirchen weiter auszubuchstabieren und für sie fruchtbar zu machen wären. Entsprechend der nachtridentinischen Kontroverstheologie und der Neoscholastik des 19. Jahrhunderts war das dem I. Vaticanum vorgelegte Schema von einem Kirchenverständnis dominiert, welches Kirche im wesentlichen vom Amt der Kirche her bestimmte. Das I. Vatikanische Konzil hat jedoch keine umfassende Sicht von Kirche entwickelt und beschlossen, sondern sich beschränkt bzw. beschränken müssen auf die Definition des universalen päpstlichen Jurisdiktionsprimats sowie der Unfehlbarkeit des Papstes. Zwischen dem Ersten und dem Zweiten Vatikanischen Konzil, insbesondere nach dem Ersten Weltkrieg, begann eine lebhafte ekklesiologische Debatte; im Zusammenhang mit der Jugendbewegung, der

liturgischen Bewegung und der in der Römisch-katholischen Kirche beginnenden ökumenischen Bewegung wurde über die theologische Vertiefung des Verständnisses von Kirche sowie über deren Erneuerung nachgedacht. Romano Guardini, Karl Adam, Manes Dominikus Koster, die Klöster Beuron und Maria Laach, die Theologen der Nouvelle Théologie (wie Yves Congar, Marie-Dominique Chenu, Henri Lubac) sowie Karl Rahner und Heinrich Fries haben daran ihren Anteil. Ohne Rückgriff auf das theologische Verständnis von Kirche in der Alten Kirche, bei den Kirchenvätern, bei John Henry Newman und bei Theologen der katholischen Tübinger Schule des ersten Drittels des 19. Jahrhunderts, bei manchen Schwächen, die sie auch hatte, und ohne eine zaghafte Begegnung mit zeitgenössischer evangelischer Theologie wäre eine theologische Vertiefung des Kirchenverständnisses nicht möglich gewesen.

(142) Die vielfältigen Bemühungen um Vertiefung des Kirchenverständnisses und um Erneuerung der Kirche trugen auf dem Zweiten Vatikanischen Konzil ihre Früchte (SC, LG, UR, GS), wenngleich eine Minorität vehement um den Erhalt eines neoscholastischen Kirchenverständnisses kämpfte und ihre ekklesiologischen Prärogativen den Texten des Konzils in wichtigen Passagen einzuschreiben vermochte. In zentralen Fragen tragen daher manche Texte die Züge eines Kompromisses, der nicht immer frei von Widersprüchen ist. Sie vermögen jedoch bestimmte Grundintentionen kirchlicher Erneuerung nicht zu verdunkeln. In den beiden grundlegenden theologischen Eröffnungskapiteln von LG, „Kirche als Mysterium" und „Kirche als Volk Gottes", ist die Gemeinschaft aller Getauften, das allgemeine oder – mit den Worten des Konzils – das gemeinsame Priestertum aller Gläubigen, auf das Kap. IV von LG noch einmal eigens zu sprechen kommt, angesprochen. Der Begriff des *Volkes Gottes* wird dabei im Kontext der Erwählung Israels erörtert. *Lumen gentium, Licht der Völker,* ist

jedoch nicht die Kirche, sondern Jesus Christus; in Christus ist die Kirche gleichsam das Sakrament, das heißt Zeichen und Werkzeug für die innigste Vereinigung mit Gott wie für die Einheit der ganzen Menschheit (LG 1). Diese Kirche Jesu Christi subsistiert in der Römisch-katholischen Kirche (LG 8); dies schließt nicht aus, dass vielfältige Elemente der Heiligung und der Wahrheit auch außerhalb ihres Gefüges zu finden sind, die als der Kirche Christi eigene Gaben auf die katholische Einheit hindrängen. Unter Berufung auf LG 8, das in UR 3 und 4 ausbuchstabiert wird, spricht die Enzyklika *Ut unum sint* (Nr. 13 und 14) davon, dass „außerhalb der Grenzen der katholischen Gemeinschaft … kein kirchliches Vakuum" besteht. „Viele und bedeutende (eximia) Elemente, die in der katholischen Kirche zur Fülle der Heilsmittel und der Gnadengaben gehören, die die Kirche ausmachen, finden sich auch in den anderen christlichen Gemeinschaften" (Nr. 13). „Das Bestreben des Ökumenismus ist es …, die zwischen den Christen bestehende teilweise Gemeinschaft bis zur vollen Gemeinschaft in der Wahrheit und in der Liebe wachsen zu lassen" (Nr. 14).

(143) Derzeit ist eine lebhafte römisch-katholische Debatte darüber entbrannt, wie das *subsistit* von LG 8 genauer zu verstehen ist: Kann es als ekklesiologische, Ökumene ermöglichende Öffnungsklausel begriffen werden, wie es die meisten Konzilsväter und die römisch-katholische Theologie nach dem Konzil verstanden haben und wie es auch im ökumenischen Gespräch der Kirchen zur Geltung gebracht wurde, oder muss es als Bestätigung des überlieferten nachtridentinischen ekklesiologischen Exklusivitätsanspruchs der Römisch-katholischen Kirche aufgefasst werden? Unklar ist in LG 8, in welchem Sinne „die katholische Einheit" zu verstehen ist, auf welche „die vielfältigen Elemente der Heiligung und der Wahrheit, die sich auch außerhalb" des Gefüges der katholischen Kirche fin-

den, „hindrängen". Wiederholte römische Erklärungen, keine „Rückkehr"-Ökumene zu betreiben, sondern gemeinsam mit den anderen Kirchen und kirchlichen Gemeinschaften in der einen ökumenischen Bewegung nach jener Einheit der Kirche zu suchen, die Jesus Christus für seine Kirche will, können sich auf das Ökumenismusdekret berufen, das seinerseits LG 8 konkretisiert.

(144) In UR 3 wird hervorgehoben, dass der heilige Geist sich gewürdigt hat, die anderen christlichen Kirchen als *media salutis* zu gebrauchen. Dies verweist auf ein Verständnis des *subsistit* von LG 8 als ekklesiologische Öffnungsklausel. In LG 15 werden die sakramentale Verbindung aller Getauften und die vielfältigen Gemeinsamkeiten aller Christen hervorgehoben bis hin zu den Sakramenten, die sie „in ihren eigenen Kirchen oder kirchlichen Gemeinschaften empfangen" (LG 15). Das III. Kapitel von LG, das sich mit dem hierarchischen Aufbau der Kirche befasst und am meisten vom Geist des überkommenen Kirchenverständnisses des I. Vatikanischen Konzils geprägt ist, betont aber dennoch die theologische Bedeutung des Bischofsamtes sowie die Kollegialität der Bischöfe gegenüber der überkommenen einseitigen Betonung des Amtes des Papstes. Es erkennt Bischofssynoden theologisch eine wichtige Funktion für die Leitung der Kirche zu. In diesem Sinne versteht sich die Gesamtkirche als *communio ecclesiarum*. In LG 28 erfolgt die einzige dogmatische Korrektur an einer Entscheidung des Trienter Konzils: Trient spricht von der auf göttlicher Anordnung eingesetzten Hierarchie, die aus Bischöfen, Priestern und Diakonen besteht (DH 1765 und 1776), während das II. Vaticanum die göttliche Einsetzung nur auf das Amt der Kirche als solches bezieht, das in verschiedenen Ordnungen von jenen ausgeübt werde, die schon seit alters Bischöfe, Priester und Diakone heißen (LG 28). Ein herausragendes Kapitel ist dasjenige über die Laien (allgemeines Priestertum, Teilhabe an der Heilssen-

dung der Kirche, Befähigung zu kirchlichen Ämtern, die geistlichen Zielen dienen usw.). Nie zuvor in ihrer Geschichte hat sich die Römisch-katholische Kirche so grundlegend und so umfassend theologisch über die Laien geäußert. Von größter ökumenischer Bedeutung ist schließlich das Bekenntnis der Kirche zu ihrer ständigen Buße und Erneuerung (LG 8; UR 6).

(145) Trotz zahlreicher Perspektiven zur Erneuerung und zur Reform der Kirche hat das II. Vatikanische Konzil es nicht vermocht, eine in sich einheitliche Ekklesiologie zu entwickeln. Es hat zwei verschiedene und nicht harmonisierbare Ekklesiologien in einem einzigen Text zusammengebunden. Altkirchliche *communio*-Ekklesiologie, die eine theologisch gleichberechtigte und auch juridisch strukturierte Kollegialität der Bischöfe sowie eine reale, nicht von Unterordnung aller Kirchen unter eine einzige bestimmte *communio ecclesiarum* kennt, und römisch-zentralistische, vom Papsttum her sich definierende Ekklesiologie stehen in LG unverbunden nebeneinander. Dies hat im Rezeptionsprozess des II. Vaticanum zu einer Reihe von vatikanischen Verlautbarungen und theologischen Debatten geführt, die bis heute nicht zum Abschluss gekommen sind. Die wichtigsten Themen dieser Debatte sind: die Bedeutung der Bischofskonferenzen, das Verhältnis von Ortskirche und Universalkirche, das Verhältnis von Kirche Jesu Christi zur Römisch-katholischen Kirche (*subsistit*) und das Verständnis von Kirche als *communio*. Diese mit großer Heftigkeit diskutierten Probleme und vatikanische Stellungnahmen haben auch ökumenische Debatten ausgelöst. Zentrale Probleme sind hier vor allem die Denkfiguren von Fülle und Mangel, von konzentrischen Kreisen der um die Römisch-katholische Kirche herum gruppierten christlichen Kirchen und schließlich das Selbstverständnis der Römisch-katholischen Kirche, welches eine andere kirchliche Gestalt nur als defizitär oder nicht als Kirche im eigentlichen Sinn

anzuerkennen vermag. Die genannten Probleme machen sichtbar, dass das Konzil nicht der Abschluss der Erneuerung und Reform der Kirche ist, sondern der Anfang des Anfangs derselben.

2. Die Rolle der Lehre in den kirchenrechtlichen Normen

(146) Mit dem II. Vatikanischen Konzil war eine Reform der Strukturen der Kirche vorgesehen. Für die weiteren Überlegungen ist es erforderlich, zwischen der *Lehre der Kirche* einerseits und den *kirchenrechtlichen Normen* andererseits, die die Lehre umsetzen, fördern und sichern sollen, zu differenzieren; ebenso ist zu unterscheiden zwischen den *Normen* und der *Anwendung der Normen*. Lehrende und tätige Kirche sind zu unterscheiden, jedoch nicht zu trennen, weil sie innerlich miteinander verbunden sind.

(147) Die Gesetzgebung, die auf das II. Vatikanische Konzil folgte, stellt in gewisser Weise ein Novum in der katholischen Kirche dar. Bis dahin verdankten die kirchenrechtlichen Normen ihre Herkunft zumeist den Gewohnheiten oder den Antworten auf bestimmte strittige Fragen früherer Epochen. Da im Laufe der Zeit viele Normen aus unterschiedlichen Quellen in Kraft waren (z. B. solche von Konzilien, Päpsten, Bischöfen und Synoden sowie Gewohnheiten), wurde unklar, welche Normen welche abgelöst hatten und welche Gesetze denn nun gelten würden. Gratians *Concordia Discordantium Canonum*, bekannt als *Decretum Gratianum* (um 1140), das allerdings nie offiziell promulgiert wurde, ist ein Beispiel für eine Klärung dieser Schwierigkeit. Das I. Vatikanische Konzil forderte eine gesammelte, vereinfachte und neu organisierte Rechtsordnung, deren Rahmen sich auf das Selbstverständnis der katholischen Kirche als *societas perfecta* bezog. In Analogie zu Rechtskodi-

fizierungen vieler westlicher Staaten wurde ein Codex erstellt, der 1917 vom Papst promulgiert wurde. Er wurde in Anlehnung an die Gesetzesbücher der römischen Juristen Gaius und Justinian und in Anlehnung an ein Lehrbuch für kanonisches Recht gegliedert, das 1563 von Johannes Paul Landelotti veröffentlicht worden war. Seine Normen zeigen die Richtung einer bestimmten Ekklesiologie, aber sie waren nicht als Ganzes aus einer solchen heraus geschaffen. Dennoch konnte die nachfolgende Interpretation der Gesetze von einer bestimmten Theologie beeinflusst werden, so dass die maximalistische Interpretation der Lehre des I. Vatikanischen Konzils zum führenden Verständnis der Gesetze vom Primat des Papstes im Codex von 1917 wurde.

(148) Völlig anders dagegen ist es um den *Codex Iuris Canonici* von 1983 bestellt: Zu dessen Promulgation erklärte Papst Johannes Paul II., dass die *Lehre* des II. Vaticanum in *kirchenrechtliche Normen* „übersetzt" werden musste.[122] Die Lehre sollte sowohl die *Systematik* des Gesetzbuches als auch dessen *Inhalt* bestimmen. Da kirchenrechtliche Normen im Blick auf die Lehre das Ziel verfolgen, die Gemeinschaft zu unterstützen, in Übereinstimmung mit ihrem Glauben leben und handeln zu können, hat dieses Verständnis der Normen auch Auswirkungen auf den Prozess der Erstellung, Interpretation und Anwendung des Rechts. Während

---

122 „Immo, certo quodam modo, novus hic Codex concipi potest veluti magnus nisus transferendi in sermonem canonisticum hanc ipsam doctrinam, ecclesiologiam scilicet conciliarem. Quod si fieri nequit, ut imago Ecclesiae per doctrinam Concilii descripta perfecte in linguam canonisticam convertatur, nihilominus ad hanc ipsam imaginem semper Codex est referendus tamquam ad primarium exemplum, cuius lineamenta is in se, quantum fieri potest, suapte natura exprimere debet." *Johannes Paul II.*, Apostolische Konstitution „Sacrae disciplinae leges", in: AAS 75 (1983), XI. Deutsche Übersetzung: Codex des kanonischen Rechtes, lat.-dt. Ausgabe (Kevelaer: Butzon und Bercker, ⁵2001), XIX.

der Erstellung einer Norm entscheidet der Gesetzgeber als erstes, welche doktrinären Aspekte der Unterstützung durch kirchenrechtliche Normen bedürfen, und als zweites sucht er nach einer geeigneten Modalität, die es der Gemeinschaft ermöglicht, auch tatsächlich in Übereinstimmung mit der Lehre zu leben und die Lehre somit zu rezipieren.

(149) Aus mehreren Gründen ist es wichtig, zwischen der *Ermittlung der Lehre* durch den Gesetzgeber einerseits und der *Festlegung der passenden Modalität* andererseits zu unterscheiden.

- *Erstens*: Diese Unterscheidung ermöglicht es, sowohl die Identifizierung der Lehre durch den Gesetzgeber als auch die ausgewählte Modalität zu bewerten. Hat der Gesetzgeber die Lehre in vollem Umfang oder nur teilweise rezipiert? Wenn nur bestimmte Aspekte durch den Gesetzgeber rezipiert wurden und andere nicht, wie kann diese Situation behoben werden? Hat der Gesetzgeber wirklich alles in Betracht gezogen, um eine geeignete Modalität für diese konkrete Gemeinschaft zu finden?

- *Zweitens*: Diese Unterscheidung ermöglicht auch eine bessere Antwort für den Fall einer Nicht-Rezeption einer Norm durch die Gläubigen. Liegt der Grund für die Nicht-Rezeption in der Lehre oder in der Modalität? Sollte die Doktrin, die den Normen zu Grunde liegt, von der Gemeinschaft nicht rezipiert werden, muss das Lehramt eine Antwort finden. Sollte jedoch die Modalität nicht (mehr) für die Gemeinschaft, für die diese Norm erstellt wurde, geeignet sein, so muss nach einer anderen Modalität gesucht werden; dafür sind die Kanonisten zuständig.[123]

---

123 Beim *ius remonstrandi* teilt ein Diözesanbischof dem höheren Gesetzgeber mit, ein bestimmtes Gesetz könne für seine Diözese nicht verbindlich sein, weil es für seine Gemeinschaft nicht passend sei.

– *Drittens*: Die genannte Differenzierung ermöglicht Pluralität und Vielfalt in der Einheit; die Modalitäten können sich im Laufe der Geschichte ändern, weil je nach Zeit andere Akzente in der Lehre hervorzuheben sind[124], oder weil die Situation und die verfügbaren Mittel sich in einer solchen Weise geändert haben, dass eine andere Modalität notwendig wird. Möglich sind auch verschiedene Modalitäten zur selben Zeit, die dann deshalb variieren, weil sich die Bedürfnisse, die Mittel und die Bedingungen der einzelnen Gemeinschaften von einander unterscheiden.[125]

(150) Bei der Interpretation und erst recht bei der Anwendung der kirchenrechtlichen Normen, wenn sich also Recht und Leben begegnen, ist die *Lehre* die hermeneutische Perspektive des Lesens der Normen und der Situation, in der diese angewandt werden. So hat bei der Fragestellung dieser Studie die *Lehre des II. Vatikanischen Konzils* die kirchenrechtlichen Normen und deren Interpretation zu leiten, die dabei

---

Diese Mitteilung hat eine aufschiebende Wirkung: Das Gesetz ist nicht für die Gemeinschaft verbindlich.

124 Das Sakrament der Versöhnung diene als Beispiel. Im Laufe der Geschichte änderte sich nicht nur dessen Modalität, sondern auch dessen Bezeichnung; dies war abhängig von dem, was zu einem bestimmten Zeitpunkt mehr oder weniger betont werden sollte, wie Sakrament der Versöhnung, Vergebung, Buße, Beichte.

125 Ein hervorragendes Beispiel dafür findet sich in den Konstitutionen der Orden, die sich wegen der unterschiedlichen Spiritualität der einzelnen Ordensgemeinschaften unterscheiden. Das kanonische Recht legt zum Beispiel fest, dass eine Gemeinschaft (*domus*) eine Oberin haben muss, aber es überlässt es den Konstitutionen, zu bestimmen, ob die Oberin gewählt, vorgeschlagen oder ernannt wird. Das kanonische Recht bestimmt, dass die Oberin einen Rat haben muss, aber die Konstitutionen bestimmen auf der Grundlage der Spiritualität des Instituts, ob dem Rat vor allem nur eine beratende Funktion für die Entscheidungen der Oberin zukommt oder ob die Ratsmitglieder zusammen mit der Oberin in fast allen Fragen entscheiden.

nicht in Absonderung von der *gesamten* Doktrin betrachtet werden dürfen. *Drei Gefahren* müssen vermieden werden.

– *Erstens*: Eine maximalistische Interpretation der Beschlüsse des I. Vaticanum verbietet sich für die Auslegung der Gesetze. Selbst wenn bei der Erstellung der Normen eine solche in Anspruch genommen worden sein sollte, bedeutet dies nicht, dass deshalb eine nachfolgende maximalistische Interpretation auch erlaubt ist. Da die *gesamte* Lehre zu berücksichtigen ist, entsteht bei einer Einzellehre nur so auch ein Bewusstsein für ihre Entwicklung, die ihrerseits Einblick gewährt in die Gründe für Auslassungen und Einfügungen.

– *Zweitens*: Eine positivistische Interpretation des Rechts, bei der die Normen von der Doktrin selbst losgelöst sind, ist falsch.

– *Drittens*: Ein Verständnis des Rechtes, nach welchem die Normen selbst die verbindliche Lehre der Kirche aussagen würden, „rüstet" diese gewissermaßen zur Doktrin „auf"; dies widerspricht Charakter und Absicht sowohl der Lehre als auch des Rechts.[126]

---

126 Wenn nur ein bestimmter Teil der Lehre in den kanonischen Normen rezipiert ist und anschließend diese Normen als „authentische" Interpretation der Lehre bewertet werden, dann wird dem Recht eine Autorität gegeben, die weder intendiert noch korrekt ist: Die Doktrin gehört zur lehrenden Kirche, die kanonischen Normen zur tätigen Kirche. Außerdem würde ein solches Verständnis eine Beurteilung der Normen im Lichte der Lehre nicht erlauben und würde somit ein unveränderliches System der Normen riskieren, weil es keine doktrinären Kriterien gibt, auf deren Grundlagen die kanonischen Normen geändert werden könnten. Ein Beispiel: Das Zweite Vatikanische Konzil erklärte, dass der Bischof für die Diözese, die seiner Obhut anvertraut ist, *vicarius Christi* ist (LG 27). Das ist eine Lehraussage. Es ist nicht nötig, dies in kanonischen Normen wörtlich zu wiederholen. Notwendig ist jedoch die Frage, was diese Lehraussage für die rechtliche Kompetenz des Diözesanbischofs bedeutet. Die Lehre führt zu der Norm, dass einem Diözesanbischof „in der ihm anvertrauten Diözese die ganze, ordentliche, eigenberechtigte und unmittelbare Gewalt zu[kommt],

(151) Um die Lehre der Kirche in Hinblick auf den Petrusdienst zu bestimmen, muss neben dem I. Vaticanum auch das II. Vaticanum herangezogen werden. Das II. Vaticanum wiederholt Abschnitte des I. Vaticanum, fügt neue Erkenntnisse hinzu und stellt beides – wie dargelegt – unvermittelt nebeneinander in Form einer Juxtaposition. Um nun die gegenwärtige Lehre zu bestimmen, muss das II. Vatikanische Konzil als eine Art „Linse" benutzt werden, um das I. Vatikanische Konzil zu lesen. Die Juxtaposition der Texte des II. Vatikanischen Konzils erleichtert nicht gerade die genaue Bestimmung seiner Lehre.

(152) Dieses war Papst Johannes Paul II. wohl bewusst; er sprach von alten und neuen (*vetera et nova*) Elementen im Konzil, als er 1983 den Codex des kanonischen Rechtes promulgierte und erklärte, dass das *Neue des Konzils* das *Neue des Codex* bestimmen müsse.[127] Das Neue betreffe vor allem *die* Lehre, „nach der die Kirche als das Volk Gottes (vgl. LG

---

die zur Ausübung seines Hirtendienstes erforderlich ist" (Can. 381). Im Anschluss daran wird bestimmt, wie diese Gewalt in Bezug zu anderen zu sehen ist, die ebenfalls Gewalt besitzen. Der Canon fügt hinzu: „[...] ausgenommen ist, was von Rechts wegen oder aufgrund einer Anordnung des Papstes des höchsten oder einer anderen kirchlichen Autorität vorbehalten ist." Für den Fall, dass Zweifel an der rechtlichen Kompetenz des Diözesanbischofs bestehen, muss auf die Lehre, dass er der Stellvertreter Christi ist, zurückgegriffen werden, und so muss vorausgesetzt werden, dass er so lange handeln kann, bis die Angelegenheit von jemand anderem, dem sie vorbehalten wird, geregelt wird. Zu argumentieren, dass auf Grund des Codex der Schluss gezogen werden muss, der Bischof sei nicht der Stellvertreter Christi, sondern „ein Beamter des Papstes", steht im vollständigen Widerspruch zu der Lehre, die im I. und im II. Vaticanum zum Ausdruck gebracht wurde. Natürlich muss die Doktrin das Kriterium dafür sein, um feststellen zu können, ob das, was anderen vorbehalten ist, theologisch korrekt ist, z. B. weil die Einheit der Kirche dies erfordern würde.

127 Siehe auch *M. Wijlens*, ‚The Newness of the Council Constitutes the Newness of the Code' (John Paul II): The Role of Vatican II in the Application of the Law, in: Proceedings of the Canon Law Society of America (Washington, DC, 2008), 285–302.

Kap. 2) und die hierarchische Autorität als Dienst dargestellt werden (LG Kap. 3); außerdem die Lehre, die die Kirche als *communio* ausweist und daher die gegenseitigen Beziehungen bestimmt, die zwischen Teilkirche und Gesamtkirche sowie zwischen Kollegialität und Primat bestehen müssen; ebenso die Lehre, nach der alle Glieder des Volkes Gottes, jedes auf seine Weise, an dem dreifachen – dem priesterlichen, prophetischen und königlichen – Amt Christi teilhaben [...] und schließlich der Eifer, den die Kirche für den Ökumenismus aufbringen muss."[128]

(153) Diese Ausführungen fordern implizit:
1) dass bei der Erstellung, Interpretation und Anwendung der kirchenrechtlichen Normen die Lehre des Petrusdienstes nur zusammen mit der Lehre der *communio ecclesiarum* in Anwendung zu bringen ist. Die eine Lehre kann nicht ohne die andere gesehen werden. Das hat
2) auch Auswirkungen auf die Wiederherstellung der Einheit der Kirche.

(154) Papst Johannes Paul II. fordert ausdrücklich, dass das Engagement zur Einheit der Christen ein entscheidender Faktor im Handeln und im Wesen der Kirche zu sein hat.[129] Dieses Engagement hat der Papst in seiner Enzyklika *Ut unum sint* als „unumkehrbar"[130] bezeichnet; es habe die ganze Kirche auch in ihrem Handeln zu durchdringen. Jede

---

128 *Johannes Paul II.*, Apostolische Konstitution „Sacrae disciplinae leges" (1983), XIX.
129 Aus Anlass des 25. Jahrestags der Promulgation des *Codex Iuris Canonici* befasste sich Kardinal Walter Kasper am 11. Januar 2008 in einem Vortrag insbesondere mit dem Engagement für die Wiederherstellung der Einheit der Christen und ihre hermeneutischen Forderungen für das kanonische Recht. Eine englische Übersetzung wurde als „Canon Law and Ecumenism" in: The Jurist 69 (2009), vol 1, S. 171–189 veröffentlicht.
130 UUS 3.

Modalität im kanonischen Recht hat sich der Frage zu unterziehen, ob sie der Ökumene dienlich ist oder nicht. Wenn nicht, muss nach einer der Ökumene dienlichen Modalität gesucht werden.[131] Für Interpretation und Anwendung des Rechts ist daher in jedem einzelnen Fall zu prüfen, ob die Anwendung des Rechts bzw. eines Gesetzes die Einheit der Kirche fördert oder behindert bzw. verhindert.

(155) Erst wenn die beiden Aspekte, nämlich das Verständnis der Lehre des Petrusdienstes angesichts der *communio ecclesiarum* und das Engagement für die Wiederherstellung der Einheit der Christen, zusammen im Blick auf die kirchenrechtlichen Normen gesehen werden, öffnen sich Türen zur Ökumene. Im Zusammenhang der Unterscheidung von Lehre und Modalität[132] hat nicht nur die *Lehre* (Papst, Kollegialität der Bischöfe) die Ausübung des Petrusdienstes zu leiten, sondern ebenso auch das *Engagement zur Wiederherstellung der Einheit*; letzteres bildet ein vorrangiges Leitprinzip bei der Suche nach einer geeigneten *Modalität*.

---

131 Das „Peter and Paul Seminar", eine internationale Gruppe von Theologen und Kanonisten, befasst sich mit der Frage, welche kirchenrechtlichen Institutionen verändert werden können und müssen, damit die katholische Kirche zur Wiederherstellung der Einheit der Christen beiträgt. Das Seminar lehnt sich an die Veröffentlichung *Pour la conversion des églises: identité et changement dans la dynamique de communion* (Paris: Centurion, 1991) der Gruppe von Dombes an. Deutsche Übersetzung: Für die Umkehr der Kirchen, Frankfurt a. M.: Lembeck, 1994. Siehe auch M. *Wijlens*, „Peter and Paul Seminar: A Follow Up by Theologians and Canon Lawyers to the Groupe des Dombes' Publication *For the Conversion of the Churches*," in: F. L. *Bakker (ed.)*, Rethinking Ecumenism: Strategies for the 21st Century. Festschrift für Anton Houtepen, Zoetermeer: Meinema, 2004), 229–241; Neuausgabe in The Jurist 64 (2004), 6–20. Im Jahr 2004 konzentrierte sich das „Peter and Paul Seminar" auf die Kollegialität der Bischöfe, im Jahr 2007 auf den Bischof und die Ortskirche und im Jahr 2009 auf den Umbau und die Reform in der Kirche. Die Beiträge der Tagungen sind in The Jurist 1999, 2004, 2008–2009 veröffentlicht.

132 UUS 95.

(156) Eine Änderung der gegenwärtigen kanonischen Struktur wird unvermeidbar sein; es besteht jedoch keine Notwendigkeit, eine solche Änderung erst abzuwarten; tatsächlich ist ein Handeln im Einvernehmen mit der gesamten Lehre des II. Vaticanum, die ein korrektes Lesen des I. Vaticanum impliziert, nicht durch das gegenwärtige Recht verboten. Nirgendwo verbietet das gegenwärtige Recht, „auf die Stimme der jeweiligen Ortskirchen zu hören".[133] Dies kann in der Tat den Weg zu einer neuen Modalität als *ius sequitur vitam* ebnen.

Exkurs: Zur Autorität und Verbindlichkeit römisch-katholischer Lehrtexte und kurialer Dokumente

(157) Im Vorhergehenden wurde die postkonziliare Gesetzgebung in Bezug auf die Lehre der Kirche behandelt. Bevor nun von der Autorität nachkonziliarer kurialer Dokumente gesprochen wird, die sich mit dem Verständnis von Kirche befassen und erhebliche innerkatholische und ökumenische Irritationen ausgelöst haben, sei zunächst generell die Frage der Autorität und Verbindlichkeit römisch-katholischer Lehrtexte angesprochen. Neben der für alle Kirchen Verbindlichkeit besitzenden heiligen Schrift Alten und Neuen Testaments als Grund und Norm ihres Glaubens besitzen in der Römisch-katholischen Kirche die dogmatischen Lehrentscheidungen sämtlicher ökumenischen Konzilien, auch derjenigen, die sie seit der Kirchenspaltung mit dem Osten und seit der Kirchenspaltung in der Reformationszeit im Alleingang durchgeführt hat, Verbindlichkeit. Darüber hinaus sind die päpstlichen Lehrentscheidungen verbindlich, die das Etikett der Unfehlbarkeit an sich tragen, wie die Dogmatisierungen von 1854 und 1950. Aber selbst bei unfehlbaren Definitionen des Papstes oder eines Konzils gibt es ein fehlbares Umfeld bezüglich
– der Opportunität,
– der Vorstellungsschemata,

---

133 *Congregatio pro Doctrina Fidei*, „Il Primato del Successore di Pietro nel mistero della Chiesa," in: Communicationes 30 (1998), 205–216.

– der sie begleitenden Interpretation,

– eines sündigen Umgangs mit Gegnern,

– der Unverständlichkeit, die eine Aufnahme erschwert oder sie sogar verunmöglicht usw.

(158) Dieses fehlbare Umfeld partizipiert seinerseits nicht an der Unfehlbarkeit, ist aber fast ununterscheidbar mit ihr verwoben.[134] Auch aus diesem Grund sind selbst verbindliche unfehlbare Lehrentscheidungen korrekturfähig im Sinne der Möglichkeit ihrer umfassenden Verbesserung.

(159) Verbindlichkeit beanspruchen ebenso authentische Äußerungen des kirchlichen Lehramts, sei es des Papstes allein oder zusammen mit den Bischöfen, auch wenn diese nicht mit dem Etikett der Unfehlbarkeit versehen sind und sie auch nicht beanspruchen. Authentische Texte des kirchlichen Lehramtes sind z. B.

– päpstliche Enzykliken,

– päpstliche Texte, die den Titel *Motu proprio* tragen,

– Apostolische Konstitutionen,

– die vom Papst autorisierten und zur Veröffentlichung freigegebenen Erklärungen, Schreiben, Notifikationen usw. römischer Kongregationen und päpstlicher Räte, vor allem die Texte der Glaubenskongregation.

(160) Die Autorität dieser Texte ergibt sich sowohl aus dem Inhalt als auch aus dem Verbindlichkeitsgrad, der ihnen durch die jeweiligen Kategorien ihrer Veröffentlichung mitgegeben wurde.[135] Über- und Unterbewertungen dieser Dokumente sind zu vermeiden. Die Texte befassen sich mit sehr unterschiedlichen und vielfältigen Problemen, aber auch sehr oft mit Fragen der Lehre, Fragen zwischenkirchlicher und interreligiöser Beziehungen, Fragen der Moral, des Gottesdienstes und der kirchlichen Disziplin. Auch wenn in diesen Texten Fragen beantwortet und Probleme entschieden werden, so tragen sie samt und sonders – wesensmäßig und dogmatisch – den Charakter der Vorläufigkeit an sich und sind nicht über jede Diskussion erhaben, die sie zumeist innerkirchlich auch auslösen, auch wenn sie eine Diskussion beenden wollen.

---

134 Siehe *K. Rahner*, Schriften zur Theologie. Bd. VI, Einsiedeln-Zürich-Köln 1963, 363.

135 Zu den Kategorien römischer Verlautbarungen siehe ausführlich *H. Grote*, Was verlautbart Rom wie? Göttingen 1995.

(161) Das gilt auch für die Dokumente der Glaubenskongregation, die sich seit 1992 mit dem Verständnis von Kirche befassten und erhebliche Irritationen auslösten. Ihr Inhalt wird unten in Kapitel IV.B.1 erörtert. Generell haben diese Dokumente jedoch nur ein bescheidenes lehrmäßiges Gewicht, und das, was sie behandeln, könnte auch wieder geändert werden. Solche Änderungen sind im Laufe der Geschichte vielfach durchgeführt worden. Nur zwei Beispiele seien erwähnt:

1. So hat das II. Vatikanische Konzil wichtigen Passagen der Enzyklika *Mystici corporis* (1943) inhaltlich widersprochen und eine umfassendere Sicht von Kirche dargelegt.

2. Das II. Vatikanische Konzil verteidigt in seiner *Erklärung über die religiöse Freiheit* das „Recht der Person und der Gemeinschaften auf gesellschaftliche und bürgerliche Freiheit in religiösen Dingen"[136] und hebt damit die Verurteilung der Religionsfreiheit im Syllabus von 1864[137] stillschweigend auf.

3. Der Jurisdiktionsprimat im gegenwärtigen römisch-katholischen Kirchenrecht

(162) Während weite Teile des Kirchenvolkes und manche Bischöfe und Bischofskonferenzen weltweit die binnenkirchlichen Reformen und die ökumenische Öffnung, die das Zweite Vatikanische Konzil gebracht hat, rezipiert haben und an ihrer Fortentwicklung arbeiten, hat das neue Kirchenrecht aus dem Jahre 1983, das sich selbst als kirchenrechtliche Umsetzung der Beschlüsse des II. Vatikanischen Konzils versteht, den Gedanken der Kollegialität der Bischöfe und denjenigen einer wahren *communio ecclesiarum* nur sehr begrenzt entfaltet.

(163) Wird eine nur positivistische oder auch maximalistische Interpretation der betreffenden Gesetze in Hinblick auf die Vollmachten des Papstes vorgenommen, so besteht

---

136 Dignitatis humanae 1.
137 DH 2915.

die Gefahr, dem Anliegen des II. Vatikanischen Konzils nicht gerecht zu werden. Die Gesetzestexte selbst wiederholen im Großen und Ganzen die Formulierungen aus LG, die im I. Vaticanum und dessen maximalistischer Lesart ihren Ursprung haben. Die Neuansätze des II. Vaticanum werden aber im neuen Codex nur partiell aufgenommen. So bestimmen die Gesetze, dass der Bischof der Römischen Kirche Haupt des Kollegiums der Bischöfe (*Collegii Episcoporum caput*), Stellvertreter Christi (*Vicarius Christi*) und hier auf Erden Hirte der gesamten Kirche (*universae Ecclesiae his in terris Pastor*) ist; kraft seines Amtes erfreut er sich der *höchsten, vollen, unmittelbaren* und *ordentlichen* Gewalt in der gesamten Kirche, die er jederzeit frei ausüben kann.[138] Diese ihm eigene Gewalt übt der Pontifex Romanus nicht nur *in* der gesamten Kirche aus, sondern auch *über* alle Partikularkirchen und deren Zusammenkünfte, und zwar als ordentliche und unmittelbare Gewalt. Er übt sein Amt in Verbindung mit den übrigen Bischöfen aus, kann aber entscheiden, ob er das Amt persönlich oder im kollegialen Verbund ausübt.[139] Gegen eine Sentenz oder ein Dekret des Römischen

---

138 Can. 331 – „Der Bischof der Kirche von Rom, in dem das vom Herrn einzig dem Petrus, dem Ersten der Apostel, übertragene und seinen Nachfolgern zu vermitteln de Amt fortdauert, ist Haupt des Bischofskollegiums, Stellvertreter Christi und Hirte der Gesamtkirche hier auf Erden; deshalb verfügt er kraft seines Amtes in der Kirche über höchste, volle, unmittelbare und universale ordentliche Gewalt, die er immer frei ausüben kann."

139 Can. 333 – „§ 1. Der Papst hat kraft seines Amtes nicht nur Gewalt in Hinblick auf die Gesamtkirche, sondern besitzt auch über alle Teilkirchen und deren Verbände einen Vorrang ordentlicher Gewalt, durch den zugleich die eigenberechtigte, ordentliche und unmittelbare Gewalt gestärkt und geschützt wird, die die Bischöfe über die ihrer Sorge anvertrauten Teilkirchen innehaben." – „§ 2. Der Papst steht bei Ausübung seines Amtes als oberster Hirte der Kirche stets in Gemeinschaft mit den übrigen Bischöfen, ja sogar mit der ganzen Kirche; er hat aber das Recht, entsprechend den Erfordernissen der Kirche darüber zu bestimmen, ob er dieses Amt persönlich oder im kollegialen Verbund ausübt."

Pontifex kann weder appelliert noch Rekurs eingelegt werden.[140] In Verbindung hiermit steht die Bestimmung: „Der Papst kann von niemandem vor Gericht gezogen werden" (can. 1404); dies entspricht dem alten Rechtssatz: *Papa omnes iudicat, sed a nemine iudicatur.*

(164) Aus der Perspektive einer rein maximalistischen Interpretation ergibt sich, dass die Beschlüsse von (römisch-katholischen) Ökumenischen Konzilien, Bischofssynoden etc. erst dann Rechtskraft erlangen, wenn sie vom Papst als dem Haupt des Bischofskollegiums, das ohne das Haupt nicht tätig werden kann, in Kraft gesetzt werden und dass der Papst höchster Gesetzgeber, höchster Richter und höchster Verwalter ist. Er besitzt eine mit der Gewalt des Einzelbischofs konkurrierende und dieser übergeordnete Bischofsgewalt in jedem einzelnen Bistum. Der Papst kann auch Sachen, die er normalerweise nicht behandelt, an sich ziehen (die Hand darauf legen) und Bestimmungen erlassen, die dann von untergeordneter Stelle weder geändert noch aufgehoben werden können. Zur maximalistischen Interpretation der Texte des II. Vaticanum, in denen das I. Vaticanum wiederholt wird, durch den CIC gehört ebenso, dass die Gewalt des Papstes die oberste Lehrgewalt mit enthält, die bei päpstlichen *ex cathedra* Entscheidungen (und bei Entscheidungen eines Konzils) in Glaubens- und Sittenfragen mit der Unfehlbarkeit ausgestattet ist.

(165) Eine rein positivistische Interpretation des neuen Codex sieht in ihm die wahre Interpretation der Lehre des II. Vaticanum. Diese Sicht widerspricht jedoch den Absichten der Päpste Johannes XXIII., Pauls VI. und Johannes Pauls II., welche die postkonzilare Gesetzgebung ausdrücklich als „Übersetzung" der Konzilslehre in kirchenrechtliche Normen ansehen und betonen, dass die Lehre des Konzils als

---

140 Can. 333 – „§ 3. Gegen ein Urteil oder ein Dekret des Papstes gibt es weder Berufung noch Beschwerde."

Linse sowohl für die Gesetzgebung als auch für die Interpretation der Gesetze in Anwendung zu bringen ist. Auch wenn bedeutsame Aussagen des II. Vatikanischen Konzils ihren Weg in die postkonziliare Gesetzgebung nicht gefunden haben, so ist dennoch die konzilare Lehre in vollem Umfang bei der Interpretation der Gesetzestexte anzuwenden. Dies ist entscheidend für das Nachdenken über die Zukunft des Papstamtes. Vor dem Hintergrund der gesamten Lehre des II. Vatikanischen Konzils sind die Ausführungen des Codex über den Papst auch im Rahmen der Lehre des II. Vatikanischen Konzils über die Kollegialität der Bischöfe, über die Ortskirche, die vollständig Kirche ist (LG 26), über den *sensus fidelium* und über die Lehre der *communio ecclesiarum* zu interpretieren und anzuwenden.

(166) Ein weiterer Beleg für die geringe kirchenrechtliche Auswirkung der Ekklesiologie des II. Vaticanum ist die Verhältnisbestimmung von Universal- und Partikularkirche im CIC von 1983, in der die dogmatischen Neuorientierungen im Blick auf eine *communio* von Ortskirchen in der Struktur der Kirche nicht zum Tragen kommen. Der CIC führte, ohne von der Lehre dazu genötigt zu sein, das Begriffspaar *universale Kirche/Teilkirche* (*ecclesia particularis*) ein und schwächte so das Konzept einer *communio* von Kirchen. *Teilkirche* ist ein dem CIC von 1917 nicht geläufiger Neologismus, der technisch und ausschließlich die Diözesen beschreiben soll.[141] Diese normative Wahl ist in höchstem

---

141 In das Dekret *Christus Dominus* des II. Vatikanischen Konzils, das sich mit der pastoralen Aufgabe der Bischöfe befasst, wurde der Begriff *ecclesia particularis* als Äquivalent für den Begriff *dioecesis* eingeführt, den 57 Konzilsväter eher als die Bezeichnung einer Verwaltungseinheit („originis imperialis et indolis administrativae", Acta Synodalia Sacrosancti Concilii Oecumenici Vaticani II, vol. III, periodus tertia, pars VI, Vatikanstadt 1975, 162) auffassten. Daher entschied das Konzil, dass „dioecesis generatim diceretur ‚Ecclesia particularis', sed in titulo addi debet ‚seu dioecesis', ut significetur quaestionem esse de illis particularibus Ecclesiis, quae

Maße diskussionsbedürftig. Denn der Begriff *Teil* (partikular) ist sowohl in den lateinischen Sprachen wie im Englischen als auch besonders im Deutschen – lexikalisch gesehen – der Gegenbegriff zu *universal*. Sprachlich gesehen ist es evident, dass Kirchen, die mit dem Etikett *Teil, partikular* versehen werden, nicht mehr als rechtmäßige Partner *in* der universalen Kirche angesehen werden; sie werden spontan verstanden als Teile der universalen Kirche, und nicht als Kirchen in ihr.

(167) Von 1993 bis 2007 betonte eine Reihe von Dokumenten der römischen Kurie[142] immer wieder die Priorität (und Superiorität) der *communio* der Kirche vor der und über die *communio* der Kirchen. In diesen Dokumenten, deren Prototyp *Communionis notio* von 1993 ist, wird das Begriffspaar *Universalkirche/Partikularkirche* des CIC von 1983 gebraucht, um die historische und ontologische Priorität der Universalkirche zu behaupten, indem auf ihre universale Mutterschaft verwiesen wird:

> In der Tat geht nach den Vätern die Kirche, die eine und einzige Kirche, … *ontologisch* der Schöpfung voraus, und sie gebiert die Teilkirchen gleichsam als Töchter; sie bringt sich in ihnen zum Ausdruck, ist Mutter und nicht Produkt der Teilkirchen. … Aus ihr, die universal entstand und offenbar wurde, sind die verschiedenen Ortskirchen als jeweilige konkrete Verwirklichungen der einen und einzigen Kirche Jesu Christi hervorgegangen. Da sie *in* und *aus* der Universalkirche geboren werden, haben sie ihre Kirchlichkeit in ihr und aus ihr.[143]

---

hodie dioeceses vocantur" (ibidem, 163). Auf alle Fälle wurde der Terminus *ecclesia particularis* eingeführt, ohne auch nur das geringste über die Beziehung zwischen den Diözesen und der Kirche als ganzer zu sagen. 12 mal wird der Begriff *ecclesia particularis* erwähnt, während der Begriff *dioecesis* 91 mal gebraucht wird, und weitere 51 mal in seiner adjektivischen Form.

142 Zu den ökumenischen Problemen dieser Dokumente siehe ausführlich Kap. IV.B.1, wo diese Dokumente im Einzelnen genannt und diskutiert werden.

143 Communionis notio, in: AAS 85 (1993), 838–850, hier Nr. 9.

(168) Eine solche Mutterschaft kennt die Tradition nicht[144]; ebenso ist ihr der Hinweis unbekannt, dass das Amt des Nachfolgers Petri „nicht nur als ein globaler Dienst, der jede Teilkirche von außen erreicht, sondern als schon von innen her zum Wesen jeder Teilkirche gehörig"[145] anzusehen ist. Diese Sicht macht den Bischof von Rom zu einer Art Universalbischof, eine Idee, die schon Pius IX. nach dem I. Vatikanischen Konzil zurückgewiesen hatte.

(169) Die Mehrheit der Theologen verhielt sich – gelinde gesagt – außerordentlich zurückhaltend[146] gegenüber dieser Auffassung[147]; sie stimmte vielmehr Kardinal Walter Kasper zu, der zu Recht fürchtete, dass diese Sichtweise zu einer Verwirrung zwischen der Mutterschaft der universalen Kirche und derjenigen der Kirche von Rom führen würde: Es sei höchst problematisch, die eine universale Kirche unter der Hand mit der Kirche von Rom und faktisch mit dem Papst und der Kurie zu identifizieren. Wenn dies der Fall sei, dann könne der Brief der Glaubenskongregation nicht als Hilfe bei der Klärung der *communio*-Ekklesio-

---

144 Natürlich kennt und anerkennt die Tradition: a) dass eine Kirche die Mutter einer anderen, weil deren Gründerin, sein kann; b) die Mutterschaft des himmlischen Jerusalem und c) die heilige Kirche als die Mutter im Glauben aller Gläubigen.

145 Communionis notio, Nr. 13.

146 Von den über dreißig katholischen Theologen weltweit, deren Spezialgebiet die Ekklesiologie ist und die dieses Problem behandelt haben, behauptet nur ein einziger, von dieser Position überzeugt zu sein, ohne allerdings dafür Gründe anzugeben. Siehe die Auflistung bei *A. Cattaneo*, La priorità della Chiesa universale sulla Chiesa particolare, in: Antonianum 77 (2002), 503–539; mit kleineren Hinzufügungen siehe *H. Legrand*, La théologie des églises soeurs: reflexions ecclésiologiques autour de la déclaration de Balamand, in: RSPhTh 88 (2004), 461–496 (hier 495–496).

147 Natürlich gibt es in Sachen des Glaubens eine Priorität der Kirche über die Ortskirchen. Hier kann eine einzige Kirche nicht allein über den wahren Glauben entscheiden, der nur in einem Prozess von *traditio* und *receptio* überliefert ist, welcher die Kirchen in der *communio* zusammenhält.

logie begriffen werden, sondern müsse als deren Verabschiedung und als Versuch der theologischen Restauration des römischen Zentralismus verstanden werden.[148]

(170) Zusammenfassend lässt sich sagen: Ein halbes Jahrhundert nach dem II. Vatikanischen Konzil hat die Verwirklichung der Idee der *communio der Kirche* als eine *communio von Kirchen* ihre Zukunft noch vor sich. In diesem Zeitraum sind der Status der vom Konzil geforderten internationalen Bischofssynode, der nationalen Bischofskonferenzen[149], der Diözesansynoden[150] oder derjenige der liturgischen Vollmachten der Bischöfe[151] ständig geschwächt worden.

(171) Sollte daraus die Folgerung gezogen werden, dass unter dem Einfluss der *plenitudo potestatis* des I. Vaticanum ein katholischer Bischof sich zu einem bloß päpstlichen Beamten verwandelte, wie Max Weber[152] es analysiert hatte?

---

148 Zur Theologie und Praxis des bischöflichen Amtes, in: *W. Schreer/ G. Steins (Hrsg.)*, Auf neue Art Kirche sein. Wirklichkeiten-Herausforderungen-Wandlungen, München 1999, 32–48, hier 44.

149 Motu proprio Apostolos suos, in: AAS 90 (1998), 641–658, besonders die Nummern 12, 13, 19, 21, in welchen diese Konferenzen als Geschöpfe des heiligen Stuhls angesehen und eingeladen werden, vor allem anderen dem Lehramt der Universalkirche zu folgen; nur unter der Bedingung ihrer Einmütigkeit könnten sie als authentisch lehrend vom Lehramt der Universalkirche anerkannt werden.

150 Instructio De synodis diocesanis agendis, in: AAS 89 (1997), 706–727, Nr. IV. 4, in der die Bischöfe verpflichtet werden, jene disziplinären Angelegenheiten nicht diskutieren zu lassen und von der Tagesordnung zu verbannen, die nur einer höheren Autorität als derjenigen einer Diözese zur Erörterung zusteht.

151 Instructio Liturgiam Authenticam, in: AAS 93 (2001), 685, Nr. 80: Der heilige Stuhl hält an der strikten Kontrolle der Übersetzungen liturgischer Texte in die Volkssprachen fest; dies sei ein absolut „notwendiger Akt seiner Leitungsvollmacht".

152 In einem Kommentar zu Vaticanum I schrieb Max Weber: „Und in der Kirche war nicht etwa das vielberedete Unfehlbarkeitsdogma, sondern der Universalepiskopat der prinzipiell wichtige Abschluß (des vatikanischen Konzils im Jahre) 1870. Er schuf die ‚Kaplanokratie' und machte im Gegensatz zum Mittelalter den Bischof und

Und das in einem so gründlichen Ausmaß, dass das II. Vatikanische Konzil unfähig war, dieser Verwandlung Einhalt zu gebieten, die aber jetzt vollendet wurde im Codex von 1983 und in den kurialen Dokumenten, die folgten?[153]

(172) Führt das Dogma von der vollen und universalen Jurisdiktion des Papstes unvermeidlich in eine ökumenische Sackgasse? Solch eine Folgerung würde im Blick auf die katholische *Theologie* in die Irre führen, da sie weder den schwachen lehrmäßigen Status der disziplinären Dokumente in Rechnung setzen noch die Tatsache berücksichtigen würde, dass das geltende Recht und seine Umsetzung durchaus von der Theologie getrennt werden können. Für die besten katholischen Dogmatiker ist die Relecture des Dogmas des I. Vatikanischen Konzils ein legitimes Unterfangen. Die gegenwärtige höchst verheißungsvolle, mit umfassender dogmatischer Hermeneutik betriebene Relecture des Dogmas der päpstlichen Jurisdiktion führt in eine ekklesiologische Landschaft, die in scharfem Kontrast zu derjenigen des geltenden Rechts steht.

Pfarrer zu einem einfachen Beamten der kurialen Zentralgewalt." M. *Weber*, Wirtschaft und Gesellschaft. Grundriss der verstehenden Soziologie. 5. revidierte Auflage besorgt von Johannes Winckelmann. Studienausgabe, Tübingen 1980, 825; vgl. auch *Gesammelte politische Schriften*, Tübingen 1958, 309).

153 Dies ist die Diagnose der gegenwärtigen Situation durch einen Kirchenrechtler, dessen Methode zugegebenermaßen rein rechtspositivistisch ist: „Die allgemeinen kodikarischen Bestimmungen zum Episkopat und zum Diözesanbischofsamt sowie die normative Ausgestaltung dieses Amtes in den kodikarischen Bestimmungen zeichnen den Diözesanbischof rechtlich als päpstlichen Beamten." G. *Bier*, Die Rechtsstellung des Diözesanbischofs nach dem Codex Iuris Canonici von 1983 (Forschungen zur Kirchenrechtswissenschaft, Bd. 32), Würzburg 2001, 376.

4. Theologische Erwägungen

(173) Die hier angestellten Überlegungen zum Kirchenrecht suchten durch die Betonung der *gesamten* Lehre des II. Vatikanischen Konzils zur Ekklesiologie gegenüber den kirchenrechtlichen Engführungen, Unterbetonungen und Auslassungen nach Möglichkeiten, ein ökumenisches Gespräch über das Papstamt neu zu eröffnen.[154] Aber auch von seiten der Dogmatik können unter positiver Inanspruchnahme der Ergebnisse der theologie- und dogmenhistorischen Untersuchungen sowie in Fortschreibung der Ekklesiologie des II. Vaticanum Wege einer ökumenischen Verständigung über das Papstamt aufgezeigt werden.

(174) Zunächst ist daran zu erinnern, dass das I. Vatikanische Konzil seine Beschlüsse verstanden wissen wollte „gemäß dem alten und beständigen Glauben der gesamten Kirche" (DH 3052), wie er „in den Akten der Ökumenischen Konzilien und in den heiligen Canones festgehalten wird" (DH 3059), vor allem in denjenigen, „bei denen der Osten mit dem Westen zur Einheit des Glaubens und der Liebe zusammenfand" (DH 3065). Den historischen Fakten suchte Kardinal Ratzinger gerecht zu werden, als er feststellte, dass man „unmöglich die Primatsgestalt des 19. und 20. Jahrhunderts für die einzig mögliche und allen Christen notwendige" anzusehen habe; in diesem Zusammenhang stellte er gleichzeitig fest, „dass nicht heute christlich unmöglich sein kann, was ein Jahrtausend lang möglich war", um dann zu folgern: „Rom muss vom Osten nicht mehr an Primatslehre fordern, als auch im ersten Jahrtausend formuliert und gelebt wurde."[155] Schon früher hatte

---

154 Zum grundlegenden Verhältnis von heiliger Schrift, kirchlich-dogmatischer Lehrtradition und kirchlichem Lehramt siehe ausführlich unten Kap. IV.

155 *J. Ratzinger,* Theologische Prinzipienlehre. Bausteine einer Fundamentaltheologie, München 1982, 209.

Joseph Ratzinger sich für eine klare Unterscheidung der mit dem Bischof von Rom verbundenen Ämter ausgesprochen: Bischof von Rom, Metropolit der römischen Kirchenprovinz, Patriarch des Westens und Primas aller Bischöfe. Ebenso plädierte er für die Bildung neuer Patriarchate dort, wo es nötig ist, und für deren Ausgliederung aus der lateinischen Kirche.[156]

(175) Sowohl im Blick auf das Unfehlbarkeitsdogma als auch im Blick auf das Dogma vom Jurisdiktionsprimat gilt es Folgendes zu bedenken: das *Unfehlbarkeitsdogma* des I. Vatikanischen Konzils kann als eine Art Absicherung für den Fall einer Notstandssituation im Blick auf die *fides* und die *mores* angesehen werden. Mit dem *Dogma vom Jurisdiktionsprimat* hat das I. Vatikanische Konzil, wie dargelegt, die normalen Gegebenheiten und Kommunikationsvollzüge des kirchlichen Lebens in Disziplin und Lehre nicht außer Kraft setzen wollen. Diese Aussagen sind jedoch nur dann überzeugend, wenn auch der Jurisdiktionsprimat nur ausnahmsweise und im Fall einer Notstandssituation im Blick auf die Einheit der Kirche in Disziplin und Lehre zur Anwendung kommt. Sicher ist jedenfalls, dass das I. Vatikanische Konzil keiner maximalistischen Anwendung seiner Beschlüsse das Wort geredet hat.

(176) Deshalb können sich die derzeit geltenden kirchenrechtlichen Gegebenheiten nur sehr bedingt auf die Beschlüsse des I. und II. Vatikanischen Konzils berufen. Sie verdanken sich – wie bereits erwähnt – einer maximalistischen Lesart der Beschlüsse des I. Vatikanischen Konzils sowie der Tatsache, dass die kirchlichen und theologischen Debatten sich zumeist mit dem Problem der päpstlichen Unfehlbarkeit befassten, nicht jedoch mit dem päpstlichen Jurisdiktionsprimat und seinen Implikationen. Dieser ver-

---

156 *J. Ratzinger*, Das neue Volk Gottes. Entwürfe zur Ekklesiologie, Düsseldorf ²1970, 142–146.

dient jedoch dieselbe theologische Aufmerksamkeit wie die Unfehlbarkeit. Jurisdiktionsprimat und Unfehlbarkeit, obgleich verschiedenen theologischen Ursprungs, hängen, juridisch gesehen, sehr eng zusammen. Auf der juridischen Ebene ist die Unfehlbarkeit des Papstes nichts anderes als die höchste, volle, unmittelbare und eigenberechtigte Vollmacht auf der Ebene der Lehre in Form von *ex cathedra* Entscheidungen in Glaubens- und Sittenfragen, die sich auf die Offenbarung beziehen. Folge des Jurisdiktionsprimats auf der Ebene der Lehre ist ebenso, dass auch bei nicht unfehlbaren Lehren den Entscheidungen des kirchlichen Lehramts mit religiösem Gehorsam (*obsequium*) zu folgen ist. Obwohl das Zweite Vatikanische Konzil andere ekklesiologische Weichenstellungen eröffnet hat (Volk Gottes, *Communio*-Ekklesiologie), hat es daneben ebenso die Ekklesiologie des päpstlichen Zentralismus stehen gelassen.

(177) Will man die gegenwärtigen kirchenrechtlichen Gegebenheiten so ändern, dass ein Amt universalkirchlicher Einheit entsteht, das von allen Kirchen akzeptiert werden kann, dann ist es zunächst Sache der römisch-katholischen Theologie, den Jurisdiktionsprimat des Papstes so zu diskutieren, dass die Römisch-katholische Kirche auch tatsächlich in die Lage versetzt wird, mit Hilfe einer vertieften dogmatischen Neuinterpretation und frei von kanonistischen Festlegungen offen und zusammen mit den anderen Kirchen über die Notwendigkeit sowie über die Gestalt eines Amtes universalkirchlicher Einheit in der *koinonia* der Kirchen nachzudenken.

(178) Änderung des Rechts ist aber nur möglich, wenn zuvor dessen dogmatische Grundlage auf Änderungs- bzw. Verbesserungsfähigkeit untersucht worden ist und das Ergebnis dieser Untersuchung eine positive Antwort gefunden hat. Änderung der Lehre im Sinne ihrer Vertiefung und Verbesserung ist dogmatisch jederzeit möglich, wenn – mit Thomas von Aquin – mit der sachlich notwendigen Unter-

scheidung von *res* und *enuntiabile* gearbeitet wird.[157] Wendet man diese Unterscheidung auf die Definition des Jurisdiktionsprimats an, dann sind die Definition und das Definierte das *enuntiabile*; der Akt des Glaubens richtet sich jedoch nicht auf das *enuntiabile*, sondern auf die mit dem *enuntiabile* intendierte *res*, auf das mit der Definition Intendierte, auf deren Sinn; der *sensus dogmatum*, der Sinn der Dogmen ist laut Vaticanum I festzuhalten[158], und in diesen soll – und das gilt für alle Lehre – nach dem Willen von Vaticanum II immer tiefer eingedrungen werden.[159]

(179) Unterscheidet man so, dann könnte der Sinn des Unfehlbarkeitsdogmas sowie des Jurisdiktionsprimates sachlich in Folgendem gefunden werden:
– die Einheit der Kirche in grundlegenden Fragen des christlichen Glaubens im Falle von deren Gefährdung sichern zu helfen;
– die Freiheit der Verkündigung des Evangeliums und die freie Besetzung der kirchlichen Ämter in allen Gesellschaftssystemen zu gewährleisten.

(180) Die *absolutistische Gestalt*, die diese Sicherung gefunden hat, ist jedenfalls nicht Inhalt des Glaubens. Unter Beachtung solcher Unterscheidung wäre auch katholische Theologie frei, zusammen mit den anderen Kirchen sich neu darüber Gedanken zu machen, wie heute das mit dem Jurisdiktionsprimat Intendierte am besten gewährleistet werden kann. Beim Jurisdiktionsprimat jedenfalls ist es

---

157 „Actus autem credentis non terminatur ad enuntiabile, sed ad rem." STh II-II, 1, 2 ad 2. Vom Gegenstand des Glaubens spricht Thomas in derselben quaestio in der Unterscheidung von *ipsa res credita* und *enuntiabile*, STh II–II, 1, 2c.

158 DH 3020.

159 Z. B. UR 4: Im Dialog sei die Lehre (doctrina) tiefer (profundius) auszulegen; alle am Dialog Beteiligten müssten ihre Treue zum Willen Christi prüfen und dann tatkräftig ans Werk der notwendigen Erneuerung und Reform gehen (ebd.).

möglich, an dem mit ihm *Intendierten* festzuhalten, indem man ihm eine gänzlich neue (z. B. konziliare, synodale, synodal rückgebundene, ökumenisch erarbeitete etc.) Gestalt gibt, und gleichzeitig die im absolutistischen Papsttum seit dem I. Vaticanum konkret gegebene und immer weiter juridisch ausgebaute primatiale Gestalt zurückzulassen.[160] Vergleichbares kann mit dem Begriff der Hierarchie in Bezug auf das kirchliche Amt unternommen werden, der den Zugang zu einem angemessenen theologischen Verständnis des kirchlichen Amtes und der *episkopè* als eines notwendigen Dienstes *in* der Kirche eher versperrt als erschließt; der Verzicht auf die Benennung des kirchlichen Amtes mit dem unbiblischen Begriff „Hierarchie" könnte die gemeinsame Grundlage des theologischen Verständnisses vom

---

160 Zur kollegial-synodalen Rückbindung der Ausübung des Primats gibt es eine breite zustimmende Meinungsbildung unter angesehenen katholischen Theologen wie z. B. Walter Kasper (siehe Anm. 200 und 201); aber auch die Kardinäle Martini und Daneels sowie Erzbischof Quinn haben einen solchen Vorschlag gemacht. Vgl. *H. J. Pottmeyer*, Recent Discussions on Primacy in Relation to Vatican I, in: Il ministero petrino. Cattolici e ortodossi in dialogo, hrsg. v. *W. Kasper*, Rom 2004, 227–247; *H. J. Pottmeyer*, Towards a Papacy in Communion: Perspectives from Vatican Councils I and II, New York 1998; *ders.*, Die zwiespältige Ekklesiologie des Zweiten Vatikanum – Ursache nachkonziliarer Konflikte, in: Trierer Theologische Zeitschrift 92 (1983), 272–283; *ders.*, Kirche als Communio. Eine Reformidee aus unterschiedlichen Perspektiven, in: Stimmen der Zeit 210 (1992), 579–589; *ders.*, Kontinuität und Innovation in der Ekklesiologie des II. Vatikanums, in: Kirche im Wandel. Eine kritische Zwischenbilanz nach dem II. Vatikanum, hrsg. v. *G. Alberigo, Y. Congar u. H. J. Pottmeyer*, Düsseldorf 1982, 89–110; *J. Brosseder*, Visionen eines „Petrusdienstes" im 3. Jahrtausend. Zum theologischen und ekklesiologischen Horizont eines Amtes universalkirchlicher Einheit, in: *J. Brosseder u. W. Sanders (Hrsg.)*, Der Dienst des Petrus in der Kirche. Orthodoxe und reformatorische Anfragen an die katholische Theologie, Frankfurt am Main 2002, 103–124, hier 111–121.

kirchlichen Amt um so deutlicher in Erscheinung treten lassen.[161]

(181) Dies seien nur einige „Hinweise auf einen begehbaren Weg" zu notwendigen Reformen – auch im Bereich definitiver Lehre. Ob eine Zustimmung der anderen Kirchen zu dem mit dem Jurisdiktionsprimat Intendierten unter gleichzeitiger Zurücklassung seiner absolutistischen Gestalt möglich ist, ist im Gespräch der Kirchen näher auszuloten.

C. Appendix:
Altkirchlicher Ehrenprimat und *communio ecclesiarum* – kurze konfessionskundliche Übersicht

(182) Das in diesem Appendix Vorgestellte erhebt weder Anspruch auf Vollständigkeit noch ist es das Ergebnis eigener Untersuchungen. Hier sei lediglich ein kurzer konfessionskundlicher Seitenblick auf die Thematik der *communio ecclesiarum* in den orthodoxen Kirchen, in den Kirchen der anglikanischen Gemeinschaft und in den methodistischen Kirchen geworfen, der nur einen gerafften Überblick darüber verschaffen will, wie dort die *communio ecclesiarum* jeweils gesehen und gelebt wird. Er soll zeigen, dass auch außerhalb des lutherisch-katholischen Dialogs die Thematik dieser Studie virulent ist. Ferner sei hier an Begriff und Sache

---

161 Medard Kehl plädiert für die Abschaffung des Hierarchiebegriffs, weil eine Unterordnung der Gemeinde unter eine heilige Herrschaft schriftwidrig sei, da sie der fundamentalen Gleichheit aller Gläubigen widerspreche: *M. Kehl*, Die Kirche. Eine katholische Ekklesiologie, Würzburg 1992, 115; ferner *B. J. Hilberath*, Communio hierarchica. Historischer Kompromiß oder hölzernes Eisen? In: Theologische Quartalschrift 177 (1997), 202–219, hier 211–218; *P. Hoffmann*, Der ‚Stiftungswille Jesu'. Das hierarchische Amtsverständnis der römischen Kirche im Spiegel des Neuen Testaments, in: Orientierung 70, Nr. 13/14 (2006), 154–160 (Lit.).

des altkirchlichen Ehrenprimats erinnert, der zum Bestand der *communio ecclesiarum* in der Alten Kirche gehörte, ohne dies hier näher darstellen zu können.

1. Der altkirchliche Ehrenprimat

(183) In der alten Kirche spielten Begriff und Sache des Ehrenprimats bzw. des Vorrangs bestimmter Kirchen eine große Rolle. Auf dem Konzil von Konstantinopel (381) wurde in Kanon 3 beschlossen, dass der Bischof von Konstantinopel einen Ehrenprimat (πρεσβεία τῆς τιμῆς, presbeia tès timès, *honoris primatus*)[162] an zweiter Stelle nach

---

162 Der Ehrenprimat (πρεσβεία τῆς τιμῆς, presbeia tès timès; der griechische Begriff ist gewichtiger als das deutsche Wort „Ehre") der Kirchen von Rom und Konstantinopel, wie ihn die Konzilien von Konstantinopel und Chalcedon verstehen, fußt auf der politischen Funktion der genannten Städte als Hauptstadt des Römischen Reichs. Innerkirchlich wurde aber folgender Gesichtspunkt noch bedeutsamer: „In der Väterzeit kam den Kirchen, die man als Apostelgründungen (*sedes apostolicae*) betrachtete, eine normative Rolle bei der Klärung des Inhalts des wahren Glaubens an Christus zu. Aber seit dem 2. Jahrhundert beanspruchte die Kirche von Rom, in der Petrus und Paulus als Apostel und Märtyrer verehrt wurden, in einer einzigartigen Weise ‚apostolisch' zu sein" (Die Apostolizität der Kirche. Studiendokument der Lutherisch/Römisch-katholischen Kommission für die Einheit, Paderborn u, Frankfurt am Main 2009, Nr. 86, S. 54–55). Wenn in der Spätantike Bischöfe, Presbyter und Synoden aus Ost und West sich bei Streitfragen wiederholt an Rom wandten, um durch eine römische Entscheidung Unterstützung für ihre jeweilige Position zu bekommen (ibid.), so entspricht dies dem hohen Ansehen der Kirche Roms und gehört in den Kontext des Ehrenprimats, kann aber nicht als Beleg für eine gesamtkirchliche Akzeptanz des römischen Jurisdiktionsprimats herangezogen werden. Belegt werden kann dies wiederum mit Gregor dem Großen, der seinerseits Antiochien und Alexandrien als apostolische Sitze anerkannte, die selbst „petrinische" Autorität in der kirchlichen *communio* von Kirchen ausübten, die von Petrus und den anderen Aposteln gegründet worden seien (Die Apostolizität der Kirche, a. a. O. Nr. 87, S. 55).

dem Ehrenprimat des Bischofs von Rom innehat, und zwar deshalb, weil die Stadt Konstantinopel jünger sei als die Stadt Rom. In Kanon 28 des Konzils von Chalcedon (451) wird vom Primat der Kirche Konstantinopels an zweiter Stelle nach dem Primat der Kirche Roms gesprochen, wiederum mit dem Argument, dass die Stadt Konstantinopel als Hauptstadt jünger sei als die Stadt Rom. Ein an zweiter Stelle stehender Ehrenprimat der Kirche von Konstantinopel sei aber deshalb erforderlich, weil sich dort nun Kaiser und Senat befänden, wie dies früher in Rom ja auch der Fall gewesen sei. Im System der Pentarchie (Antiochien, Alexandrien, Konstantinopel, Jerusalem und Rom), hatte die Kirche Roms einen Ehrenprimat; deren Bischof war Patriarch der Westkirche und wurde *Vorsteher des Liebesbundes* genannt. An zweiter Stelle, ebenso mit einem Ehrenprimat versehen, galt die Kirche Konstantinopels und deren Bischof; trotz römischer Proteste[163] trug der Bischof von Konstantinopel den Titel *Ökumenischer Patriarch* (lat. *universalis patriarcha*). Kurz: In der alten Kirche hatten zur Zeit der Reichskirche die Kirche Roms und deren Bischof einen

---

Im Unterschied zum Primat sind mit dem Ehrenprimat weder ein Leitungsamt noch die Aufgabe der *episkopè* verbunden. Aus dem altkirchlichen Ehrenprimat der Kirche Roms, grundgelegt in der Verehrung von zwei Aposteln als Märtyrer und festgelegt auf den Konzilien von Konstantinopel und Chalcedon, entwickelte sich der päpstliche Anspruch auf ein eigenständiges universalkirchliches Leitungsamt, das sich im Verlaufe der Geschichte von der Beanspruchung des Jurisdiktionsprimats bis hin zu dessen Dogmatisierung auf dem I. Vatikanischen Konzil entwickelte (vgl. Communio Sanctorum, Die Kirche als Gemeinschaft der Heiligen, verf. v. der Bilateralen Arbeitsgruppe der Deutschen Bischofskonferenz und der Kirchenleitung der Vereinigten Evangelisch-Lutherischen Kirche Deutschlands, Paderborn-Frankfurt am Main 2000, Nr. 164–200, S. 81–99).

163 So Gregor I. (595), in: Quellen zur Geschichte des Papsttums und des römischen Katholizismus, 1–5. Aufl. hrsg. *C. Mirbt*, 6. Aufl. hrsg. *K. Aland*, Bd. I: Von den Anfängen bis zum Tridentinum, Tübingen 1967, S. 244 f., Nr. 488.

Ehrenprimat inne. Weder durch die Kirche Roms noch durch diejenige von Konstantinopel wurde die Einheit der Kirche in ihrem Glauben „garantiert"; der gemeinsame Glaube wurde auf Ökumenischen Konzilien im Falle strittiger Fragen je neu ermittelt und festgestellt; die einzelnen Patriarchate waren ansonsten selbständige Kirchen, die ihre Angelegenheiten normalerweise selbständig regelten, die aber miteinander in Gemeinschaft lebten.

2. Orthodoxe Kirchen

(184) Die orthodoxen Kirchen betonen, dass die Kirche eine lokale und zugleich eine universale Gemeinschaft ist. Sie bewährt ihre Katholizität, indem sie im Hören des Wortes und insbesondere in der Feier der Eucharistie konkrete Gemeinschaft an jedem Ort bildet und sich zugleich als ein Volk an allen Orten weiß, die Wahrheit des Evangeliums verkündet und zwischenkirchliche Gegensätze überwindet. Sie bedarf daher konziliarer Formen, die diese universale Gemeinschaft erhalten und erneuern. Konziliarität ist Ausdruck der Gemeinschaft, in der die verschiedenen lokalen Kirchen verbunden sind. Die Konziliarität findet ihren Ausdruck in Konzilien, repräsentativen Versammlungen, die die Probleme aufnehmen, beantworten und von den Kirchen verbindlich rezipiert werden, eine Notwendigkeit, die bereits im Neuen Testament belegt wird (das Apostelkonzil in Jerusalem, Apg 15).

(185) Dieses konziliare Verständnis der einen, heiligen, katholischen und apostolischen Kirche ist, nach orthodoxem Verständnis, das Abbild der Dreieinigkeit Gottes, dem inneren Prinzip der ekklesialen Gemeinschaft. Jede wahrhaft christliche lokale Kirche hat an dieser Gemeinschaft teil und ist so Teil und Ausdruck des Geheimnisses Gottes. Sie birgt in sich die vom Heiligen Geist gegebene

Dynamik der Einheit.[164] Um das Verständnis der Vielfalt der lokalen Kirchen in der Einheit der einen Kirche zu verdeutlichen, legt die Orthodoxie ein besonderes Gewicht auf den Begriff der κοινωνία (koinonia), der die beiden Dimensionen der Kirche nicht als getrennte Größen, sondern als zwei Dimensionen einer einzigen Wirklichkeit verdeutlicht.

(186) Κοινωνία (koinonia) beschreibt sowohl Gott selbst wie auch die Teilhabe am Leben Gottes durch Christus im Heiligen Geist. Jeder Gläubige hat durch die Taufe Anteil an dieser Gemeinschaft (*communio*). Jede Eucharistie jeder lokalen Kirche ist die Eucharistie der einen Kirche, in welcher sich die κοινωνία (koinonia) Gottes offenbart. Von diesem eucharistischen ekklesiologischen Verständnis ausgehend, erübrigt sich die Frage nach der Priorität der universalen Kirche vor den lokalen Kirchen. Es verbietet eine Rangordnung und belegt theologisch die Simultaneität von lokal und universal. Nur auf diesem Hintergrund kann über Ämter und Strukturen der Kirche wie auch über ein Amt der Einheit nachgedacht werden.

(187) Bedeutender Ausdruck der Simultaneität von lokaler und universaler Kirche ist das Bischofsamt. Der Bischof steht einer lokalen Kirche vor und übt in ihr das Amt der Einheit aus, eine Einheit, die in der σύναξις (synaxis, Versammlung) der Eucharistie zum Ausdruck kommt. Der Bischof kann sein Amt nur ausüben in der σύναξις (synaxis) der Gläubigen des Ortes, diese wiederum können nicht ohne Bischof Kirche sein. Als Bischof einer lokalen Kirche ist er gleichzeitig Bischof der universalen Kirche, wie die

---

164 Neben der für alle Kirchen Verbindlichkeit besitzenden heiligen Schrift Alten und Neuen Testaments als Grund und Norm ihres Glaubens besitzen in den orthodoxen Kirchen das Nizänokonstantinopolitanische Glaubensbekenntnis sowie die dogmatischen Lehrentscheidungen der sieben ersten ökumenischen Konzilien Verbindlichkeit.

Beteiligung anderer Bischöfe bei seiner Ordination belegt. So ist der Bischof Mitglied der regionalen und überregionalen Synoden. Jeder einzelne Bischof hat das Recht und die Pflicht, daran teilzunehmen, und ist allen anderen Bischöfen gleichgestellt. Die synodale Dimension des Bischofsamtes ist Ausdruck der Konziliarität der Kirche. Es kann keine Kirche geben ohne Synode oder Konzil.

(188) Das Konzil ist zunächst der Garant für die Katholizität der lokalen Kirche. Die κοινωνία (koinonia) der lokalen Kirchen gibt dem Konzil oder der Synode ihre Autorität. Das Konzil hat keine Möglichkeit, sich in interne Angelegenheiten einer lokalen Kirche einzumischen. Die Synode ist daher keine Institution, die den lokalen Kirchen vorsteht, auch wenn jede lokale Kirche sich bewusst sein muss, dass ihre besonderen Entscheidungen für die universale Kirche relevant sind. Die universale Kirche ist die κοινωνία (koinonia) der lokalen Kirchen, von welchen keine alleine die katholische Kirche sein kann.

(189) Dieser Ekklesiologie entspricht ein deutliches Verständnis vom Primat. Letzterer ist theologisch immer der des Bischofs auf der Ebene der lokalen Kirche. Als Vorsteher der eucharistischen σύναξις (synaxis) vor Ort, ist sein Primat für die lokale Kirche konstitutiv. Zu diesem Primat gehört auch die σύναξις (synaxis) der Gläubigen, auf welche dieser Primat stets angewiesen ist.

(190) Was für die lokale Kirche gilt, gilt im übertragenen Sinn für die regionale und die universale Ebene. Regional übt der Metropolit ein primatiales Amt im Dienste aller lokalen Kirchen aus. Er leitet die Synode als πρῶτος (protos, *primus inter pares*) und ist für alle seine Entscheidungen und Handlungen auf die Zustimmung aller anderen Bischöfe der Synode angewiesen. Auch auf der Ebene des Patriarchates nimmt der Patriarch das primatiale Amt wahr. Das gleiche gilt schließlich für alle Patriarchate und autokephalen Kirchen, die sich als universale Kirche der konzi-

liaren Leitung eines Patriarchen als *primus inter pares* unterstellen.

(191) Im ersten Jahrtausend war es für die orthodoxen Patriarchate unproblematisch, den Patriarchen von Rom als *primus* anzuerkennen. Dies wurde auch in einem Brief des Patriarchen von Konstantinopel Dimitrios I. an Paul VI. am 14. Dezember 1975 erneut betont. Doch aus historischen und politischen Gründen wurde diese Funktion nach dem Schisma des XI. Jahrhunderts auf den Patriarchen von Konstantinopel übertragen. Grund dieser Entscheidungen war der westliche Anspruch eines universalen Jurisdiktionsprimates für den römischen Patriarchen. Nach orthodoxer Ekklesiologie hat dieser *primus* der Patriarchen gewiss die Verantwortung für die Katholizität der universalen Kirche, er kann jedoch keine direkte Verantwortung für die internen Angelegenheiten anderer Patriarchate beanspruchen. Der römische Anspruch auf einen Jurisdiktionsprimat kann daher orthodoxerseits nur als Infragestellung der Katholizität und der ekklesialen Integrität der lokalen Kirchen aufgefasst werden.

(192) Von daher ergibt sich, dass die Frage des Jurisdiktionsprimats und seiner Ausübung das entscheidende Hindernis für die Einheit der Römisch-katholischen und der orthodoxen Kirche darstellt. Es wurde bisher im Dialog noch nicht behandelt und nur als „schwerwiegender Unterschied" im Schlussparagraphen des 1988 veröffentlichten Valamo-Berichtes erwähnt (DwÜ II, 556–567).

3. Anglikanische Gemeinschaft

(193) Wenige Tage nach der Veröffentlichung der Enzyklika *Ut unum sint* durch Papst Johannes Paul II. hat der Erzbischof von Canterbury, George Carey, der Primas der anglikanischen Gemeinschaft, dieses Schreiben begrüßt

und die grundsätzliche Bereitschaft seiner Kirche, über das Amt des Bischofs von Rom nachzudenken, geäußert. Zwei Jahre später veröffentlichte die anglikanische Bischofskonferenz Englands eine Stellungnahme, die die bereits gegebene Übereinstimmung unterstrich und Vorschläge für einen weiteren Dialog unterbreitete (*May They All Be One*, London 1997). Bereits in der ersten offiziellen internationalen anglikanisch/römisch-katholischen Dialogrunde (ARCIC I) war es zu ersten Stellungnahmen über die Autorität in der Kirche und über das Amt des Bischofs von Rom gekommen. In der ersten gemeinsamen Erklärung zur *Autorität in der Kirche* (Venedig 1976) werden Konziliarität und Primat als sich ergänzende Elemente der *episkopè* und als für die Kirche notwendige Dimensionen unterstrichen.

Die Bischöfe sind gemeinsam verantwortlich für die Verteidigung und Auslegung des christlichen Glaubens. Der einem bestimmten Bischof zugeschriebene Primat schließt die Möglichkeit ein, dass er, nach Beratung mit seinen Mitbischöfen, in ihrem Namen sprechen und ihren Standpunkt zum Ausdruck bringen kann … Wenn der Primat ein echter Ausdruck der *episkopè* sein soll, wird er die *koinonia* stärken, indem er die Bischöfe bei ihrer Führungsaufgabe unterstützt, in ihren Ortskirchen wie in der universalen Kirche ihre Aufgabe der apostolischen Leitung wahrzunehmen. Der Primat erfüllt seinen Sinn, wenn er den Kirchen hilft, aufeinander zu hören, in der Liebe und Einheit zu wachsen und gemeinsam nach der Fülle christlichen Lebens und Zeugnisses zu streben; er wird die christliche Freiheit und Spontaneität achten und fördern, er wird keine Uniformität anstreben, wo sich Vielfalt legitim entfaltet, noch die Organisationsformen auf Kosten der Ortskirche zentralisieren. Ein Primas übt sein Amt nicht in Isolation aus, sondern im kollegialen Zusammenwirken mit seinen Brüdern im Bischofsamt (Venedig 20 und 21).[165]

(194) Die zweite Erklärung zur *Autorität in der Kirche* (Windsor 1981) bestätigt diesen theologischen Grundan-

---

165 DwÜ I, 167–168.

satz. Er spricht aber auch die weiterhin bestehenden Unterschiede zwischen dem römisch-katholischen und dem anglikanischen Verständnis an. Dabei handelt es sich vor allem um den Lehrprimat und den Jurisdiktionsprimat, die laut katholischem Verständnis dem Bischof von Rom *jure divino* zufallen, ein Ansatz, der anglikanischerseits nicht geteilt werden kann. Sind diese Hindernisse behoben, so sehen sich die Anglikaner in der Lage, die geschichtlich gewachsene besondere Stellung des Bischofs von Rom als Amt der Einheit anzuerkennen. Diese Sicht wurde von der gesamten anglikanischen Gemeinschaft bei der Lambeth Konferenz 1988 bestätigt.

(195) Das Dialogergebnis von ARCIC II, *Die Gabe der Autorität: Autorität in der Kirche III* aus dem Jahre 1998 nimmt diese Ergebnisse auf und betont die Notwendigkeit eines Dialogs über die Frage der Autorität in der Kirche. Die sichtbare Einheit der Kirche ist auf einen Konsens in diesem Bereich angewiesen. Dabei wird nicht nur ein interkonfessionelles Problem angesprochen, sondern auch eine wichtige und aktuelle Frage innerhalb der anglikanischen Gemeinschaft. Die *Inter-Anglican Theological and Doctrinal Commission* hat dies in dem 1998 der Lambeth Konferenz vorgelegten *Virginia Report* deutlich gemacht. Darin wird die Frage gestellt, ob der nur konsultative (und nicht legislative) Charakter der weltweiten anglikanischen Versammlungen in Zukunft für die Einheit der Kirche ausreichen wird. Diese Frage stellt sich nicht nur in der anglikanischen Gemeinschaft, sondern auch in anderen durch die Reformation des 16. Jahrhunderts geprägten Kirchen.

(196) Die ekklesiologischen Ansätze der anglikanischen Gemeinschaft sind weitgehend deckungsgleich mit dem bereits ausgeführten lutherischen Verständnis. Die anglikanische Gemeinschaft versteht sich als weltweite Gemeinschaft von Kirchen. Pfeiler dieser Gemeinschaft ist ein Konsens im Verständnis der Schrift des Alten und Neuen

Testaments und der beiden von Christus eingesetzten Sakramente (Taufe und Abendmahl), der Bedeutung der altkirchlichen Bekenntnisse (Apostolicum und Nizänum „als hinreichende Formulierungen des christlichen Glaubens"), der Anerkennung der Ämter und der Ordination, einschließlich des historischen Bischofsamtes (Lambeth Quadrilateral). Auf diesen Pfeilern aufbauend weiß sich die anglikanische Gemeinschaft der Suche nach der sichtbaren Einheit der Kirche Jesu Christi verpflichtet.

(197) Im Unterschied zum lutherischen Ansatz liegt ein besonderes Gewicht auf dem Bischofsamt. Die Gemeinschaft der Bischöfe ist wesentlich für die Einheit der Kirche. Die Bischöfe haben gemeinsam eine personale, kollegiale und synodale Verantwortung für das Leben, die Einheit und den Auftrag der Kirche. Dass in der Gemeinschaft der Bischöfe ein Bischof die Rolle eines *primus inter pares* ausübt, ist nicht nur eine geschichtliche Gegebenheit, sondern auch eine theologische Notwendigkeit. In diesem Sinne ist es für die anglikanische Gemeinschaft denkbar, dass der Bischof von Rom in einer sichtbar vereinten Kirche dieses Amt wahrnimmt. Zur Debatte steht nicht das Amt des Bischofs von Rom, sondern die derzeitige Gestalt und Ausübung dieses Amtes, insbesondere sein Primatsanspruch in Fragen der Lehre und der Jurisdiktion, Fragen, die in den bisherigen ARCIC Dialogen angesprochen, aber noch nicht ausführlich behandelt wurden.

(198) Dabei handelt es sich nicht nur um zwei besondere Themen. Dahinter steht das Verständnis des Bischofsamtes. Dass dieses Amt von Gott gegeben und für die Kirche wesentlich ist, dass dieses Amt einen besonderen Auftrag hat für die Einheit der lokalen und der universalen Kirche, dass es personal, kollegial und synodal ausgeübt wird, ist zwischen Anglikanern und Katholiken unbestritten. Das Problem liegt in der Gestalt dieses Amtes und in der Zuordnung dieses besonderen Amtes zu der wahren Feier von

Wort und Sakrament. Auch wenn die Anglikaner die Gestalt des in ihrer Gemeinschaft ausgeübten Bischofsamtes hervorheben und in ihren Einheitsbemühungen immer wieder betonen, dass ein gemeinsam ausgeübtes Bischofsamt für die sichtbare Einheit der Kirche unumgänglich ist, so sind sie auch in der Lage, die wahre Kirche Jesu Christi, die wahre Feier von Wort und Sakrament dort anzuerkennen, wo diese Gestalt des Bischofsamtes nicht gegeben ist. Die Erklärungen zwischen Anglikanern und lutherischen und reformierten Kirchen Kontinental-Europas (Meissen und Reuilly) signalisieren eine anglikanische Bereitschaft, die gegenseitige Anerkennung als wahre Kirche Jesu Christi auch ohne die gemeinsame Ausübung des Bischofsamtes zu akzeptieren. Freilich beinhaltet diese Anerkennung die Verpflichtung, nach dieser gemeinsamen Ausübung zu streben.

4. Methodistische Kirchen

(199) In der methodistischen Tradition hat John Wesley bereits 1744 jährliche Predigerkonferenzen einberufen, die den Auftrag hatten, Lehre, Ordnung und Praxis der methodistischen Kirchen zu regulieren. Diese entwickelte sich rasch zu einer etablierten *Conference,* die etwa hundert bewährte methodistische Prediger umfasste. Dieses Leitungsamt hatte als Aufgabe, das Amt der Prediger anzuerkennen und zu begleiten. Der Vorsitzende der jährlich stattfindenden *Conference* stand der Ordinationsfeier der neu hinzugekommenen Prediger vor. Aufgrund der raschen Ausbreitung der methodistischen Kirchen wurden bereits im 18. Jahrhundert geographische Distrikte gegründet, denen ein gewählter *chairman* vorstand, welcher Mitglied der allgemeinen *Conference* der methodistischen Kirchen war. Ab 1878 wurden zunehmend Laien als Mitglieder dieser regionalen Instanzen gewählt. Diese verschiedenen *Conferences*

brachten den konziliaren Charakter der Gemeinschaft zum Ausdruck und hatten nicht nur eine konsultative Funktion. Ihr Auftrag war die Supervision der Prediger, die Ausarbeitung und Anwendung einer synodalen Disziplin, die Sorge um eine bibelgetreue Botschaft und die Mission.

(200) Auch wenn sich diese Gestalt zunächst aus einer empirischen historischen Situation entwickelte, so entsprach sie von Beginn an einem gewissen ekklesialen Verständnis der Methodisten. Die Kirche als Gemeinschaft der Gläubigen bedarf eines Leitungsamtes, das persönlich, kollegial und synodal ausgeübt wird. Auch wenn man zunächst – in einigen Ländern bis heute – nur zögernd von einem Bischofsamt sprach, so handelte es sich theologisch um eine *episkopè*. Dieses Amt wurde als Amt der Einheit und Zeichen der historischen Kontinuität der Kirche verstanden. Die radikale Unterordnung dieser *episkopè* unter die alleinige Autorität der Heiligen Schrift wurde dabei stets betont. Es war und ist die Aufgabe der gesamten Kirche, dieses Amt stets aufgrund der Schriftaussagen zu überprüfen und neu zu gestalten. Die 1881 erstmals einberufene *Ökumenische Methodistische Konferenz* führte später zum *Weltrat Methodistischer Kirchen*, ein Rat, der die verschiedenen nationalen Räte umfasst, sich als Gemeinschaft von Gemeinschaften versteht, aber nur eine beratende Funktion und keine legislative Autorität für die meist national organisierten Kirchen hat.

(201) In mehreren Dialogrunden des Weltrates Methodistischer Kirchen und der Römisch-katholischen Kirche wurden sowohl die Fragen der Kirchenleitung wie auch die eines besonderen primatialen Amtes angesprochen. Am deutlichsten geschah dies im sog. *Nairobi Report* von 1986 (*Auf dem Weg zu einer Erklärung über die Kirche*). Nachdem in einem ersten Schritt die Bedeutung der *episkopè* für die Kirche, ihre Lehre, ihre Verkündigung, die Seelsorge, die Sakramente und die Aufgabe der Leitung unterstrichen

wurden, widmet dieser Bericht ein Kapitel der Frage des Petrusamtes. Auch wenn der Gedanke des Primats sie zunächst befremdet, so stellen doch die Methodisten fest, dass „John Wesley am Beginn der Methodistischen Kirche eine Art Primat ausübte ... Die heutige Konferenz verkörpert weiterhin gewisse Elemente dieser Funktion" (37). Die Methodisten sind daher offen für ein Nachdenken über ein universales Einheitsamt und über die Funktion, die der Bischofssitz von Rom „in einem Amt der universalen Einheit ausüben könnte" (39). Sie sehen jedoch in der derzeitigen Gestalt der Ausübung dieses Amtes in der römischen Kirche, insbesondere in den Fragen der Jurisdiktion und der Unfehlbarkeit entscheidende Hindernisse (60). Im Blick auf die Jurisdiktion kann nach methodistischem Verständnis dem Bischof von Rom keine ordentliche unmittelbare Jurisdiktion in allen Diözesen zukommen (61). Auch im Blick auf die Frage der Unfehlbarkeit sind die Methodisten sehr zurückhaltend, da es Menschen nicht zusteht, die Wahrheit ein für alle Male festzulegen. Methodisten nehmen „stets das an, was eindeutig als in Übereinstimmung mit der Schrift aufgewiesen werden kann" (72). Daher bleibt die Frage nach der Gestalt eines universalen Amtes der Einheit offen.[166]

---

166 Dies wird auch in den späteren Dialogen bestätigt: *Die apostolische Tradition*, Singapore 1991, Abschnitte 88–93 und *Das Wort des Lebens, eine Erklärung zu Offenbarung und Glaube*, Rio de Janeiro 1996, Abschnitte 126–130.

Kapitel IV:
Verheißungen und Herausforderungen

(202) Dieses – im Ganzen deskriptive – Kapitel macht auf das ekklesiologische und ökumenische Umfeld aufmerksam, in welchem die in dieser Studie vorgelegten Erwägungen zu einem Amt universalkirchlicher Einheit getätigt werden. Dieses Umfeld ist einerseits dadurch charakterisiert, dass wichtige Probleme hier schon auf einen verheißungsvollen Weg einer ökumenischen Verständigung gebracht worden sind, die in direktem Zusammenhang mit der in diesem Band behandelten Thematik stehen (Abschnitt A), und dass andererseits demgegenüber und daneben auch Positionen vertreten werden, die eine ökumenische Verständigung dann unmöglich machen, wenn sie zur dominanten Perspektive für das ökumenische Gespräch werden sollten (Abschnitt B). So wird in Abschnitt A

1. an die Weltkonferenz von *Glauben und Kirchenverfassung* in Montreal 1963 erinnert, die sich mit einem neuen Zugang zum Begriff der Tradition befasste;

2. werden die Lehrtexte des II. Vatikanischen Konzils zum Verhältnis von Schrift, Tradition, Lehramt, zum ordentlichen und außerordentlichen *magisterium* und zum Papstamt dargelegt, mit denen sich

3. der lutherisch/katholische Dialog seit dem Malta-Bericht (1972) bis heute auf internationaler (Gemeinsame Römisch-katholische/Evangelisch-Lutherische Kommission, jetzt: Lutherisch/Römisch-katholische Kommission für die Einheit) und nationaler Ebene (USA, Deutschland) teilweise befasst hat.

In Abschnitt B kommen dann die ökumenisch nicht kommunizierbaren Gesichtspunkte katholischer und lutherischer Provenienz zur Sprache.

A. Verheißungsvolle Entwicklungen

1. Montreal 1963: ein neuer Zugang zum Begriff *Tradition*

(203) Die gemeinsame Anerkennung der Autorität der Heiligen Schrift als gemeinsame Grundlage des christlichen Glaubens ist ein wichtiges Kennzeichen der modernen ökumenischen Bewegung. Aufgrund neuerer Bibelforschung kam man zu der Einsicht, dass Schrift und Tradition keine Gegensätze bilden müssen. Dies wurde zunächst durch die Weltkonferenz von *Glauben und Kirchenverfassung* 1963 in Montreal verdeutlicht.[167] Diese Konferenz berief sich weitgehend auf katholische Theologen wie Yves Congar.[168]

… [wir] können … sagen, daß wir als Christen durch die TRADITION des Evangeliums (die *Paradosis* des *Kerygmas*) existieren, wie sie in der Schrift bezeugt und in und durch die Kirche kraft des Heiligen Geistes übermittelt worden ist. TRADITION in diesem Sinne wird gegenwärtig in der Predigt des Wortes, in der Verwaltung der Sakramente und im Gottesdienst, in christlicher Unterweisung und in der Theologie, in der Mission und im Zeugnis, das die Glieder der Gemeinde durch ihr Leben für Christus ablegen. Das, was beim Traditionsvorgang überliefert wird, ist der christliche Glaube, nicht nur als Summe von Lehrsätzen, sondern als lebendige Wirklichkeit, die durch das Wirken des Heiligen Geistes vermittelt wird. Wir können so von einer christlichen TRADITION sprechen, deren Inhalt Christus selbst ist, gegenwärtig im Leben der

---

167 G. *Gassmann (ed.)*, Documentary History of Faith and Order 1963–1993. WCC, Geneva, 1993 (Faith and Order Paper 159), 10–18.

168 Siehe *Y. Congar*, La Tradition et les traditions. Essai historique, Paris 1960; *ders.*, La Tradition et les traditions. Essai théologique, Paris 1963; *ders.*, La Tradition et la vie de l'Eglise, Paris ²1984.

Kirche. Aber diese TRADITION, die das Werk des Heiligen Geistes ist, verkörpert sich in Traditionen … Die Traditionen innerhalb der Geschichte des Christentums sind von der TRADITION unterschieden, aber auch mit ihr verknüpft. Sie sind in ihren verschiedenen geschichtlichen Formen Ausdruck und Erscheinungsform der einen Wahrheit und Wirklichkeit, die Christus ist (Montreal 45–47).

(204) Diese verschiedenen Gestalten charakterisieren verschiedene Traditionen oder Konfessionen, die durch historische, kulturelle, geographische und ethnische Ausdrücke geprägt sind. Die Heilige Schrift ist die geschriebene Gestalt oder das Zeugnis der TRADITION, welche durch die Kirche in immer neuen Situationen ausgelegt wird (Montreal 50). Die Konferenz in Montreal war sich jedoch der weiterhin bestehenden Schwierigkeit bewusst: Welches ist das Kriterium, welches erlaubt, eine Tradition als authentischen Ausdruck der TRADITION zu verstehen? „Die Tatsache, daß Interpretation notwendig ist, stellt uns wiederum vor die Frage nach dem Kriterium, durch das die ursprüngliche TRADITION sich bestimmen läßt. Durch die ganze Geschichte der Kirche ist dieses Kriterium immer in der – richtig interpretierten – Heiligen Schrift gesucht worden. Aber was ist ‚richtige Interpretation‘?" (Montreal 51). Diese Frage wird von den verschiedenen Traditionen unterschiedlich beantwortet. An diesem Punkt stellt sich notwendigerweise in allen christlichen Traditionen die Frage des Lehramtes. Die Konferenz in Montreal war verständlicherweise nicht in der Lage, diese Frage zu beantworten. Ihr Verdienst ist es jedoch, die alte Frage des Verhältnisses von Schrift und Tradition in ein neues Licht gerückt zu haben.

2. Das II. Vaticanum: *Dei Verbum* und *Lumen Gentium*

(205) Die „Dogmatische Konstitution über die göttliche Offenbarung *Dei Verbum*" ist – wie diejenige über die Kir-

che *Lumen gentium* – das Ergebnis verschiedenartiger Auseinandersetzungen zwischen der „konservativen" kurialen Minderheitspartei des Konzils und der „progressiven" Konzilsmehrheit.[169] In DV wollte die Minderheitspartei, deren theologischer Vordenker Sebastian Tromp war und zu deren Sprecher Kardinal Ottaviani wurde, vom II. Vaticanum die konziliare Festschreibung der überlieferten nach-tridentinischen Position der zwei Quellen der göttlichen Offenbarung: Schrift und Tradition. Dagegen stand die Konzilsmehrheit, die von Kardinal Bea und Umberto Betti unterstützt wurden, die neueren wissenschaftlichen Einsichten Raum gewähren wollten. Die verschiedenen Fassungen zeigen, wie man zum endgültigen Text der Offenbarungskonstitution gelangt ist. Dass es überhaupt zu einem vom Konzil verabschiedeten Text kam, ist der Arbeit einer aus beiden Flügeln des Konzils genommenen paritätisch besetzten Gemischten Kommission zu verdanken. Angesichts der Gegensätzlichkeit der jeweils vertretenen Auffassungen ist ein Text entstanden, der Züge eines „Kompromisses des unvermittelten kontradiktorischen Pluralismus"[170] an sich trägt; „die endgültigen Formulierungen ... sind in allen

---

169 Die Auseinandersetzungen selbst müssen hier im Einzelnen nicht nachgezeichnet werden. Dies ist andernorts schon öfter dargestellt worden. *J. Ratzinger*, Einleitung zu „Dei verbum" und Kommentar zu DV Kap. I, II und VI, in: LThK-Erg.-Bd. II (1967), 498–528 und 571–581; *A. Grillmeier*, Einleitung und Kommentar zu DV, Kap. III, a. a. O. 528–558; *B. Rigaux*, Einleitung und Kommentar zu DV, Kap. IV und V, a. a. O. 558–570; *O. H. Pesch*, Das Zweite Vatikanische Konzil. Vorgeschichte – Verlauf – Ergebnisse – Nachgeschichte, Würzburg ²1994, hier 271–290; *H. Hoping*, Theologischer Kommentar zur Dogmatischen Konstitution „Dei Verbum", in: Herders Theologischer Kommentar zum Zweiten Vatikanischen Konzil, Bd. 3, hrsg. v. *P. Hünermann u. B. J. Hilberath*, Freiburg-Basel-Wien 2005, 695–831.

170 *M. Seckler*, Über den Kompromiß in Sachen der Lehre, in: Begegnung. Beiträge zu einer Hermeneutik des theologischen Gesprächs (Festschrift H. Fries), hrsg. v. *M. Seckler, O. H. Pesch, J. Brosseder und W. Pannenberg*, Graz-Wien-Köln 1972, 45–57, hier 57.

neuralgischen Punkten dehnbare Formulierungen, die beide Seiten je zu ihren Gunsten auslegen können – und in der Folgezeit auch auslegten."[171]

(206) Wie erinnerlich, gehörte es zu den Zielen des II. Vaticanum, „zu fördern, was immer zur Einheit aller, die an Christus glauben, beitragen kann" (SC 1). In diesem Sinne sollte auch das Verhältnis von Schrift, Tradition und Kirche bzw. Lehramt geklärt werden. Wichtige Aussagen von DV waren und sind zwischen den Kirchen nicht strittig: Bevor es zur heiligen Schrift kam, gab es die Predigt Jesu selbst sowie nach Kreuz und Auferweckung die mündliche Predigt der Apostel und Jünger. Diese apostolische Tradition hat in der Schrift in der Pluralität ihrer Zeugnisse ihren Niederschlag gefunden. Unstrittig ist, dass der Kanon der Schrift in der Kirche entstanden ist, und es ist weiter unstrittig, dass die Schrift in der Kirche gelesen und verstanden wurde und wird.

(207) DV 9 stellt fest, dass „die Heilige Überlieferung und die Heilige Schrift eng miteinander verbunden sind"; „beide entspringen demselben göttlichen Quell"; „die Heilige Überlieferung und die Heilige Schrift bilden den einen der Kirche überlassenen Schatz des Wortes Gottes" (DV 10); „die Kirche schöpft (jedoch) ihre Gewissheit über alles Geoffenbarte nicht aus der Schrift allein. Daher sollen beide mit gleicher Liebe und Achtung angenommen und verehrt werden" (DV 9); in DV 10 wird vom „geschriebenen oder überlieferten Wort Gottes" gesprochen, dessen verbindliche Erklärung „dem lebendigen Lehramt der Kirche" anvertraut ist. Zwar wird in DV 10 gesagt, das Lehramt stehe nicht über dem Wort Gottes, sondern diene ihm, „indem es nichts lehrt, als was überliefert ist, weil es das Wort Gottes aus göttlichem Auftrag und mit dem Beistand des Heiligen Geistes voll Ehrfurcht hört, heilig bewahrt

---

171 *O. H. Pesch*, a. a. O., 283.

und treu auslegt", doch werden im selben Abschnitt DV 10 Heilige Überlieferung, Heilige Schrift und kirchliches Lehramt so miteinander verknüpft, „dass keines ohne die anderen besteht und dass alle zusammen, jedes auf seine Art, durch das Tun des einen Heiligen Geistes wirksam dem Heil der Seelen dienen".

(208) Nach DV 8 kennt die

apostolische Überlieferung … in der Kirche unter dem Beistand des Heiligen Geistes einen Fortschritt: es wächst das Verständnis der über- lieferten Dinge und Worte durch das Nachsinnen und Studium der Gläubigen …, durch innere Einsicht, die aus geistlicher Erfahrung stammt, durch die Verkündigung derer, die mit der Nachfolge im Bischofsamt das sichere Charisma der Wahrheit empfangen haben …

(209) Zur Ermittlung des Sinnes der Schrift sind die his- torisch-kritische und literarkritische Methode anzuwenden, „damit so gleichsam aufgrund wissenschaftlicher Vorarbeit das Urteil der Kirche reift" (DV 12), wobei auf die Einheit der ganzen Schrift zu achten sei, und die lebendige Überlie- ferung der Gesamtkirche und die Analogie des Glaubens berücksichtigt werden müssen.

(210) In DV (Kapitel VI) heißt es:

Die Kirche hat die Heiligen Schriften immer verehrt wie den Herrenleib selbst … In ihnen zusammen mit der Heiligen Überlieferung sah sie immer und sieht sie die höchste Richtschnur ihres Glaubens, weil sie, von Gott eingegeben und ein für allemal niedergeschrieben, das Wort Gottes selbst unwandelbar vermitteln und in den Worten der Propheten und Apostel die Stimme des Heiligen Geistes vernehmen lassen. Wie die christliche Religion selbst, so muß auch jede kirchliche Verkündi- gung sich von der Heiligen Schrift nähren und sich an ihr orientieren (DV 21).

(211) Und wenig weiter heißt es:

Die heilige Theologie ruht auf dem geschriebenen Wort Gottes, zusam- men mit der Heiligen Überlieferung, wie auf einem bleibenden Fundament. In ihm gewinnt sie sichere Kraft und verjüngt sich ständig ... Die heiligen Schriften enthalten das Wort Gottes und, weil inspiriert, sind sie wahrhaft Wort Gottes: Deshalb sei das Studium des heiligen Buches gleichsam die Seele der heiligen Theologie (DV 24).

(212) In beiden zitierten Texten geht es um die Schrift, das geschriebene Wort Gottes, als höchste Richtschnur des Glaubens, als Orientierungspunkt der Kirche und ihrer Predigt sowie um die Schrift als Fundament und Seele der Theologie.

(213) Trotz bedeutender Fortschritte in Texten von DV, die eindeutig die Normativität der Heiligen Schrift gegenüber der kirchlichen Lehrtradition bezeugen, gibt es andere Texte, welche diese Eindeutigkeit vermissen lassen und Schrift, Tradition und Lehramt so miteinander verzahnen, dass ein Einspruch von der Heiligen Schrift gegenüber Tradition und Lehramt nicht mehr möglich ist. Nimmt man DV als Ganzes, dann bleiben offene Fragen im Blick auf das Verhältnis zwischen der apostolischen Tradition, die sich in der Schrift niedergeschlagen hat, und der nachapostolischen kirchlichen Lehrtradition, die Trient als mündliche apostolische Tradition gewertet hatte, die über die Bischofssitze und das Lehramt zu uns kommt.

(214) Otto Hermann Pesch zieht folgendes Fazit:

Das größte Verdienst der Offenbarungskonstitution ist es, die Frage nach Schrift und Tradition und ihrem Verhältnis zum Lehramt in allen entscheidenden Fragen offen gelassen zu haben, d. h. nicht zu entscheiden – genau so wie in Trient. Angesichts der – im Unterschied zu Trient – zwar nur von einer Minderheit vertretenen, aber durch kirchenamtliche Theorie und Praxis abgestützten Idee einer durch nichts mehr kontrollierten ‚praestabilierten Harmonie‘ zwischen Schrift, Tradition und Lehramt war dies das äußerste, was erreichbar war: Texte zu haben, auf die man sich berufen kann, wenn man anderer Meinung ist als ‚Rom‘ oder ‚andere Lehrämter‘.[172]

---

172 *O. H. Pesch*, a. a. O., 289.

(215) Die Lehre vom kirchlichen Lehramt ist in LG eingebettet in die Lehre von der Kirche und ihrer Verfassung.[173] Die *Träger* des kirchlichen Lehramtes sind die einzelnen Bischöfe als Lehrer und Hirten ihrer Ortskirchen (als einzelnen eignet ihrer Lehre jedoch keine Unfehlbarkeit), die Gesamtheit der Bischöfe mit dem Papst und der Papst. Man unterscheidet gemeinhin zwischen *ordentlichem Lehramt,* das sich in Enzykliken, Dekreten, Verlautbarungen, Ermahnungen, Ansprachen, Hirtenbriefen, Katechismen usw. äußert, und *außerordentlichem Lehramt,* das sich entweder in feierlichen päpstlichen Kathedralentscheidungen, in feierlichen Konzilsbeschlüssen oder durch übereinstimmende Lehre aller Bischöfe mit dem Papst verbindlich äußert und dies eigens feststellt.

(216) Die Lehre vom kirchlichen Lehramt findet sich in LG in dem der traditionellen Theologie wohl am meisten verhafteten Teil, der sich mit dem hierarchischen Aufbau der Kirche befasst. Als Nachfolger der Apostel haben die *Bischöfe* vom Herrn die Sendung erhalten, alle Völker zu lehren und das Evangelium jeglichem Geschöpf zu verkündigen (LG 24). Die Körperschaft der Bischöfe, das Bischofskollegium, hat hier aber nur Autorität *in Verbindung mit dem römischen Bischof,* dem Nachfolger Petri, als dem Haupt des Kollegiums.

Der römische Bischof hat nämlich kraft seines Amtes als Stellvertreter Christi und Hirt der ganzen Kirche volle, höchste und universale Gewalt über die Kirche und kann sie immer frei ausüben. Die Ordnung der Bischöfe aber, die dem Kollegium der Apostel im Lehr- und Hirtenamt nachfolgt, … ist gemeinsam mit ihrem Haupt, dem römischen Bischof, und niemals ohne dieses Haupt, gleichfalls Träger der höchsten und vollen Gewalt über die ganze Kirche (LG 22).

---

173 Zum Verhältnis des II. Vaticanum zum I. Vaticanum siehe oben Kapitel II sowie Kapitel III.B.

(217) Die Bischöfe sind „authentische, d. h. mit der Autorität Christi ausgerüstete Lehrer" und als Zeugen der göttlichen und katholischen Wahrheit zu verehren. Einem im Namen Christi vorgetragenen Spruch ihres Bischofs in Glaubens- und Sittenfragen müssen die Gläubigen zustimmen und ihm mit religiös gegründetem Gehorsam anhangen.

Dieser religiöse Gehorsam des Willens und des Verstandes ist in einzigartiger Weise dem authentischen Lehramt des römischen Bischofs, auch wenn er nicht kraft höchster Lehrautorität spricht, zu leisten, nämlich so, dass sein oberstes Lehramt ehrfürchtig anerkannt und den von ihm vorgetragenen Urteilen aufrichtige Anhänglichkeit gezollt wird, entsprechend der von ihm kundgetanen Meinung und Absicht (LG 25).

(218) Der *Unfehlbarkeit* erfreut sich der Papst, wenn er als oberster Hirt und Lehrer aller Christgläubigen eine Glaubens- oder Sittenlehre in einem endgültigen Akt verkündet; ein solcher Akt ist aus sich heraus, und nicht erst auf Grund der Zustimmung der Kirche, unveränderlich (LG 25).

(219) Solcher Unfehlbarkeit erfreuen sich auch die Bischöfe, wenn sie als Kollegium in Übereinstimmung mit dem Papst in Glaubens- und Sittenfragen eine bestimmte Sentenz übereinstimmend definitiv vorlegen; das gilt ganz besonders, wenn dies auf einem *ökumenischen* Konzil geschieht. Die zu definierende Lehre wird vorgelegt gemäß der Offenbarung.

In Schrift und Überlieferung wird sie durch die rechtmäßige Nachfolge der Bischöfe und insbesondere auch durch die Sorge des römischen Bischofs unversehrt weitergegeben und im Lichte des Geistes der Wahrheit in der Kirche heilig gehütet und getreulich ausgelegt … Eine zum göttlichen Glaubensgut gehörende neue und öffentliche Offenbarung empfangen sie jedoch nicht (LG 25).

3. Der lutherisch-katholische theologische Dialog

(220) Die lutherische Tradition kennt eine auf eine Person zentrierte Ausübung des Lehramtes nicht. Die im 16. Jahrhundert verabschiedeten Bekenntnisse gelten als *norma normata*, als verbindliche Auslegung der *norma normans* der Heiligen Schrift. Die Pfarrerinnen und Pfarrer werden bei ihren Ordinationen auf die Heilige Schrift und die Bekenntnisse der Kirche verpflichtet. Neuere Lehrentwicklungen sind möglich und liegen in der Hand von Synoden. Dabei ist zu berücksichtigen, dass die Lehrautorität in den einzelnen Kirchen unterschiedliche Gestalt angenommen hat (episkopal-synodale Strukturen; presbyteral-synodale Strukturen).

3.1. Der erste internationale lutherisch-katholische Dialog

(221) Der erste offizielle internationale lutherisch-katholische Dialog führte 1972 zum so genannten *Maltabericht*.[174] Sein erstes Kapitel ist der Frage nach dem Evangelium und seiner Überlieferung gewidmet. Es wird eingangs festgestellt, dass sich durch die Einsichten der modernen Bibel- und Geschichtswissenschaften (Malta 15) die alte kontroverstheologische Frage nach dem Verhältnis von Schrift und Tradition in neuer Weise stellt (Malta 17). Wie bei der erwähnten Weltkonferenz von *Glauben und Kirchenverfassung* 1963 in Montreal wird hinzugefügt, dass die entscheidende Frage „die Frage nach den Kriterien (sei), aufgrund welcher man zwischen legitimen und illegitimen späteren Entwicklungen unterscheiden kann" (18). Um hier weiterzukommen, wird unterschieden zwischen „primären" und „sekundären" Kriterien,

---

174 DwÜ I, 248–271.

da weder das Prinzip *sola scriptura* noch der formale Verweis auf die Verbindlichkeit des Lehramtes genügen kann. Primäres Kriterium ist, dass der Heilige Geist das Christusereignis als Heilsgeschehen erweist. Es erhebt sich (jedoch) die Frage, wie sich die Macht des Heiligen Geistes als Kriterium konkret ausweisen lässt. Wenn die Kontinuität der Überlieferung zu ihrem Ursprung konkret festgestellt werden soll, bedarf es offenbar sekundärer Kriterien (18).

(222) Das primäre Kriterium ist die absolute Autorität des Evangeliums „als Verkündigung des Heilsgeschehens ... (und) deshalb selbst Heilsereignis" (16) und seine Priorität gegenüber Schrift, Kirche, Dogma und Lehramt, wobei der Schrift „als Zeugnis der grundlegenden Überlieferung eine normative Funktion für die gesamte spätere Tradition der Kirche zu(kommt)" (17). „Die Autorität der Kirche (kann) nur Dienst am Wort sein, (denn) sie (kann) über das Wort des Herrn nicht verfügen" (21).

(223) Die Unterscheidung zwischen primärem Kriterium und sekundären Kriterien führt zu einer kritischen Anfrage an beide Partner. Die Lutheraner werden gefragt, welches in ihrer Tradition die wahre Autorität der sekundären Kriterien sei, worauf sie mit dem Hinweis auf die Bedeutung der Bekenntnisse der Kirche antworteten (19). Die Katholiken wurden gebeten zu erläutern, wie in ihrer Tradition die letzte Autorität des Evangeliums gegenüber Kirche und Lehramt deutlich werde. In ihrer Antwort verwiesen sie „auf das Zueinander und Miteinander von Amt und nichtamtlichem Charisma, die beide an die Schrift verwiesen bleiben" (20).

(224) Dieser erste Bericht des internationalen lutherisch-katholischen Dialogs ist durch den Versuch gekennzeichnet, die „sekundären Kriterien" zu relativieren. Diese müssen dem Wort Gottes „gegenüber offen bleiben und dieses Wort so weitergeben, dass es immer wieder gläubiges Verstehen eröffnet und Freiheit zum christlichen Tun schenkt"

(21); beide Partner sind auch der „Überzeugung, dass die Kirche vom Heiligen Geist unablässig in die Wahrheit eingeführt und in ihr gehalten wird. In diesem Sinne müssen auch die in der katholischen Tradition geläufigen Begriffe Indefektibilität und Infallibilität verstanden werden" (22).

(225) Trotz deutlicher Annäherungen konnte jedoch in dieser ersten Phase des internationalen Dialogs die in Montreal gestellte Frage nach dem Kriterium, welches erlaubt, eine Tradition als authentischen Ausdruck der TRADITION zu verstehen, noch nicht beantwortet werden.

3.2. Der lutherisch-katholische Dialog in den USA

(226) Bereits vor dem Abschluss des Zweiten Vatikanischen Konzils hatten lutherische Kirchen in den USA mit der katholischen Kirche Kontakte aufgenommen, und nach einleitenden Gesprächen über das Nizänum als Dogma der Kirche (1965) und über die Taufe (1966) konnte (1967) eine bemerkenswerte und wachsende Übereinstimmung über den Opfercharakter der Eucharistie sowie eine, wenngleich in unterschiedlichen Termini ausgedrückte, Einmütigkeit im Verständnis der Realpräsenz festgestellt werden. Darüber hinaus konnten 1970 katholische Teilnehmer am Dialog über „Eucharist and Ministry" – freilich nicht ohne nachfolgende katholische Kritik – empfehlen, die Gültigkeit des ordinierten Amtes der Lutheraner und demzufolge auch die Präsenz des Leibes und Blutes Jesu Christi im lutherischen Abendmahl anzuerkennen.

(227) Die 1974 publizierten Erörterungen der amerikanischen Dialoggruppe über den päpstlichen Primat und die Universalkirche[175] konzentrierten sich auf die petrinische

---

175 P. C. *Empie and T. A. Murphy (ed.)*, Papal Primacy and the Universal Church. Lutherans and Catholics in Dialogue V, Augsburg Publishing House, Minneapolis/Minn. 1974.

Funktion als „a particular form of Ministry exercised by a person, officeholder, or local church with reference to the church as a whole" mit dem Auftrag „to promote or preserve the oneness of the church by symbolizing unity, and by facilitating communication, mutual assistance or correction, and collaboration in the church's mission".[176] Obwohl ein solches Amt grundsätzlich von unterschiedlichen Instanzen ausgeübt werden kann und auch im Laufe der Geschichte faktisch von verschiedenen Amtsinhabern (Bischöfen, Patriarchen, Kirchenpräsidenten) ausgeübt wurde, so steht doch fest, dass „the single most notable representative of this Ministry toward the church universal, both in duration and geographical scope, has been the bishop of Rome", und es wird hinzugefügt, dass „the Reformers did not totally reject all aspects of the papal expression of the Petrine function, but only what they regarded as its abuses".[177]

(228) Folgerichtig sahen sich die lutherischen Teilnehmer mit der Herausforderung konfrontiert, ob ein eher pastoral denn juridisch ausgerichtetes, im Lichte des Evangeliums erneuertes, christlicher Freiheit verpflichtetes und anderen konfessionellen Traditionen offenes Papstamt nicht nur innerhalb der Römisch-katholischen Kirche legitim, sondern auch in einer größeren, *in casu* das Luthertum umfassenden Gemeinschaft möglich und wünschenswert sei. Die katholischen Teilnehmer erblickten ihrerseits in dem Dialogergebnis eine Konvergenz, die eine Aussöhnung mit dem Luthertum ermögliche und einem Verständnis der lutherischen Kirchen als „sister-churches which are already entitled to some measure of ecclesiastical communion" den Weg ebne, denen sogar „a distinct canonical status" eine offizielle Gemeinschaft mit der Kirche von Rom sichern möge.[178]

---

176 Common Statement, par. 4, a. a. O., S. 11–12.
177 Ibidem, par. 5, S. 12.
178 Ibidem, par. 33, S. 23; vgl. par. 38.

(229) Das Gespräch über den Primat klammerte zunächst die damit zusammenhängende Frage über die Unfehlbarkeit des Papstes als einen Bereich mit eigener Begrifflichkeit und einer eigenständigen neuzeitlichen Entwicklung aus, wandte sich aber dann nach Abschluss der Primatsüberlegungen folgerichtig diesem Thema zu und setzte den US-Dialog fort mit dem Bericht über *Teaching Authority & Infallibility in the Church*.[179] Auch hier erzielten vor mehr als drei Jahrzehnten die amerikanischen Theologen bemerkenswerte und selbst in der Sicht einer späteren Generation höchst überraschende Annäherungen und Konvergenzen.

(230) Die katholischen Teilnehmer sehen das Ergebnis des Gesprächs über die Unfehlbarkeit als einen Beitrag zu einer mit dem Zweiten Vatikanischen Konzil möglich gewordenen Neubewertung (*reassessment*) der theologischen Interpretation des Dogmas von 1870, die es den lutherischen Gesprächspartnern ihrerseits ermöglichen könnte, Primat und Lehrautorität des Papstes nicht unter allen Umständen auszuschließen, sondern als Ausdruck der Indefektibilität der Kirche zu verstehen.[180] Das Amt des Bischofs von Rom müsse als ein Dienst am Worte Gottes und unter seiner Autorität verstanden werden; das Dogma der Unfehlbarkeit sei „an expression of confidence that the Spirit of

---

179 *P. C. Empie, T. A. Murphy and J. A. Burgess (ed.)*, Teaching Authority & Infallibility in the Church. Lutherans and Catholics in Dialogue VI, Augsburg Publishing House, Minneapolis/Minn. 1978.

180 „The context within which the Catholic doctrine of papal infallibility is understood has changed. Lutherans and Catholics now speak in increasingly similar ways about the gospel and its communication, about the authority of Christian truth, and about how to settle disputes concerning the understanding of the Christian message. One can truly speak of a convergence between our two traditions" (Teaching Authority & Infallibility in the Church, Common Statement, par. 41, S. 30).

God abides in his Church and guides it in the truth".[181]
Nach Überzeugung der Dialoggruppe müsste solche Neuo-
rientierung im Verständnis einer einst kontroversen Lehre
zum Aufbau einer *magisterial mutuality* führen, die in Anerkennung der Präsenz des Geistes Christi in der katholischen
wie in der lutherischen Kirche gemeinsames Lehren ermöglichen, die Entwicklung eines gemeinsamen öffentlichen
Zeugnisses fördern und Priester wie Pfarrer als Partner
wechselseitig in der Verkündigung des Evangeliums anerkennen würde.

3.3. Der Dialog zwischen der DBK und der VELKD

(231) Eine genaue Bearbeitung dieser Problematik
erfolgte in der Bilateralen Arbeitsgruppe der (katholischen)
Deutschen Bischofskonferenz (DBK) und der Kirchenleitung der Vereinigten Evangelisch-Lutherischen Kirche in
Deutschland (VELKD), die im Jahre 2000 ihre Ergebnisse
veröffentlichte unter dem Titel *Communio Sanctorum: Die Kirche als Gemeinschaft der Heiligen*.[182]

(232) Ausgangspunkt ist die Offenbarung als Selbstmit-
teilung Gottes, die ihren Höhepunkt und ihre Vollendung
in Jesus Christus hat. In dieser Offenbarung gründet der
christliche Glaube, der durch den Heiligen Geist Gottes
Wort und sein von den biblischen Schriften bezeugtes
Reden und Handeln in der Geschichte des Volkes Israel

---

181 Ibidem, par 53, S. 36. „This understanding should allay Lutheran
     fears that papal infallibility is a usurpation of the sovereign autho-
     rity of Christ, and make clear that this dogma is not the central
     doctrine of the Catholic Church and that it does not displace Christ
     from his redemptive and mediatorial role."

182 *Bilaterale Arbeitsgruppe der Deutschen Bischofskonferenz und der Kirchenlei-
     tung der Vereinigten Evangelisch-Lutherischen Kirche Deutschlands*, Com-
     munio Sanctorum: Die Kirche als Gemeinschaft der Heiligen,
     Paderborn-Frankfurt a. M. 2000.

und Jesu von Nazareth erkennt. In der Bibel wird je neu wirksam und bleibend die lebendige Stimme Gottes vernommen. Das „Zeugnis der Erstzeugen" geschah innerhalb der Gemeinschaft der Kirche.

Die Kirche lebt aus dem Wort Gottes und ist zugleich in dessen Dienst gestellt ..., indem sie auf die Wahrheit Christi verweist, auf Christus als die Wahrheit selbst. Die Kirche hat die Verheißung des Heiligen Geistes, der sie in der Wahrheit leitet ... Der Kirche ist es nicht gegeben, über die Wahrheit zu verfügen. ... Insofern die Kirche in diesen Dienst der Bezeugung der Wahrheit genommen ist, spricht sie ... in Vollmacht. Sie ist folglich Adressat der Offenbarung und gleichzeitig Trägerin ihrer universalen Vermittlung. Als Vermittlerin steht die Kirche den einzelnen Glaubenden auch gegenüber. Sie hat ihre Vollmacht aber nicht von sich selbst, sondern vom Wort Gottes, das sie verkündigt (43–44).

(233) Die Verständigung über die Autorität der Heiligen Schrift verlangt eine Verständigung über das Zusammenwirken verschiedener Bezeugungsinstanzen: die Heilige Schrift als Ursprungszeugnis der Wahrheit des lebendigen Gottes, die Überlieferung des Glaubens (*Tradition*), das Zeugnis des ganzen Volkes Gottes (*Glaubenssinn der Gläubigen*), das kirchliche Lehramt und die Theologie. Eine besondere Rolle kommt dabei der Heiligen Schrift zu, weil sie das Wort Gottes bezeugt, welches allein verbindlich ist (46–50). Die Tradition bringt keinen inhaltlichen Zusatz zur Heiligen Schrift, wohl aber ist die Schrift unverzichtbar an diesen Traditionsprozess gewiesen.[183]

---

183 Die „Überlieferung des Offenbarungszeugnisses ... vermittelt ... die Erfahrungen, Erkenntnisse und Entscheidungen, die die Kirche in ihrer Geschichte mit dem Wort Gottes im Denken und im Lebensvollzug gemacht hat" (55). „Die Tradition bedarf ... stets der kritischen Auslegung, so sehr sie auch selbst eine kritische Instanz für die Kirche ist" (56). Im Blick auf das Lehramt wird betont, „dass es eine die Kirche verpflichtende Verbindlichkeit christlicher Lehre gibt und dass es in beiden Kirchen eine Lehrverantwortung des Amtes sowohl auf der gemeindlichen als auch auf der übergemeind-

(234) Nach einer genauen Beschreibung der Bezeugungsinstanzen, bei welchen viele „grundsätzliche Übereinstimmungen" bestehen, kommt der Dialog zur „noch nicht gelösten Kontroverse hinsichtlich der Träger des Lehramtes".[184] Dabei geht es nicht so sehr um die Frage der Unfehlbarkeit als solcher, als vielmehr um die Verhältnisbestimmung der verschiedenen Bezeugungsinstanzen untereinander.[185]

(235) Ausführlich befasst sich *Communio Sanctorum* unter dem Stichwort „Petrusdienst" auch mit der Frage des päpstlichen Primats (Nr. 153–200), der zuvor als selbständiges Thema nur im amerikanischen lutherisch/katholischen Dialog aus dem Jahre 1974 behandelt worden ist, auf den sich *Communio Sanctorum* ausdrücklich bezieht.[186] Neben

---

lichen Ebene gibt; ... die Lehrverantwortung ... (ist) eingebunden in das Glaubenszeugnis der gesamten Kirche, und ... das verbindliche Lehren (steht) unter der Norm des Evangeliums" (61).

184 Diese Kontroverse betrifft die Frage, ob diese der Kirche im ganzen verheißene Untrüglichkeit im Glauben zum Ausdruck kommt oder vermittelt wird durch bestimmte Strukturen (Bischofskollegium, Konzil, Papst), die der Kirche durch Christus eingestiftet sind und darum unter bestimmten Bedingungen unfehlbare Entscheidungen treffen können (63).

185 „Die beschriebene Interaktion der Bezeugungsinstanzen kann nur durch das Wirken des Heiligen Geistes gelingen und ist ohne sein Wirken nicht zu verstehen." Trotz dieser Beteuerung kommt der Text zur abschließenden Feststellung, dass „das jeweilige Zusammenspiel der einzelnen Bezeugungsinstanzen selbst innerhalb der Kirchen nicht ohne Spannungen und Konflikte (bleibt) und deshalb geordneter Regeln (bedarf)" (73). Dies gilt umso mehr im interkonfessionellen Gespräch, wo auch dieser deutsche Dialog die im Maltabericht erwähnten offenen Fragen nicht wirklich lösen konnte.

186 In anderen internationalen evangelisch-lutherischen/römisch-katholischen Dialogen wird die Frage des Primates nur im Rahmen anderer Themen gestreift: „Wege zur Gemeinschaft" (1980; DwÜ I, 296 ff); „Das Geistliche Amt in der Kirche" (1981; DwÜ I, 329 ff); „Einheit vor uns" (1984; DwÜ II, 451 ff); „Kirche und Rechtfertigung" (1995; Nr. 106).

Erwägungen zur Rolle des Petrus im Neuen Testament (158–163) und in der frühen Kirche, die „mit der Gestalt des Petrus Funktionen eines Lehr- und Hirtendienstes verbunden" hat, „die sich auf die Gesamtheit der Gemeinden beziehen und in besonderem Maße ihrer Einheit dienen" (163) und den Darlegungen zur kirchengeschichtlichen Entwicklung des Primats bis hin zum II. Vatikanischen Konzil (164–175) werden die Kritik der Reformatoren am Papsttum (176–180) sowie evangelische Fragestellungen und Überlegungen von heute dargelegt (181–191). Folgerungen werden jeweils für die römisch-katholische sowie für die evangelisch-lutherische Seite gezogen (192–194). Das Ergebnis der Erwägungen wird folgendermaßen zusammengefasst:

Gemeinsam können Katholiken und Lutheraner sagen: (195) Ein universalkirchlicher Dienst an der Einheit und der Wahrheit der Kirche entspricht dem Wesen und Auftrag der Kirche, die sich auf lokaler, regionaler und universaler Ebene verwirklicht. Er ist daher grundsätzlich als sachentsprechend anzusehen. Dieser Dienst repräsentiert die gesamte Christenheit und hat eine pastorale Aufgabe an allen Teilkirchen. (196) Dieser Dienst ist der Treue zum biblischen Wort sowie der verbindlichen Tradition der Kirche verpflichtet. Er ist notwendigerweise eingebunden in Strukturen, in denen die *communio* Gestalt findet. Diese werden geprägt durch Konziliarität, Kollegialität und Subsidiarität. (197) Solche gemeinsamen Einsichten lassen erheblichen Raum für unterschiedliche Auffassungen hinsichtlich theologischer, historischer und kirchenrechtlicher Einzelfragen. Das betrifft z. B. die Frage, ob der historische Jesus ein Petrusamt gestiftet hat, wann und wie ein solches ausgebildet worden ist oder wie die Funktionen dieses Amtes dem Bischof von Rom zugekommen sind. Offen bleiben können auch die Fragen nach der politischen, kirchenrechtlichen und historisch bedingten Ausgestaltung und Konkretisierung des Petrusdienstes. (198) Probleme der Verständigung ergeben sich angesichts der Festlegungen des Ersten Vatikanischen Konzils über den *Jurisdiktionsprimat* und die *Unfehlbarkeit* des Papstes: Das Prinzip des *Jurisdiktionsprimates* ist für lutherisches Verständnis nicht akzeptabel, wenn nicht seine Ausgestaltung die Einbindung in die *Communio*-Struktur der Kirche rechtlich verpflichtend vorschreibt. Das Prinzip der *Unfehlbarkeit* ist ebenfalls für lutherisches Verständnis nicht akzeptabel, wenn nicht auch „*Ex-cathedra*"-Entscheidungen des Papstes einem letzten Vorbehalt durch die in der Heiligen Schrift gegebene Offenbarung unterliegen.

(236) Die katholische Seite anerkennt die Berechtigung dieser Bedenken. Sie macht geltend, dass auch nach katholischer Lehre der Jurisdiktionsprimat seinen Ort immer nur innerhalb der *Communio*-Struktur der Kirche haben darf (vgl. LG 13). Überdies ist sie der Überzeugung, dass die päpstliche Unfehlbarkeit lediglich in der absoluten Treue zum apostolischen Glauben (*Heilige Schrift*) ausgeübt werden kann (vgl. LG 25), dergestalt, dass ein Papst, der diese Treue nicht wahrte, *eo ipso* seines Amtes verlustig ginge.

(237) Beide Seiten würden es begrüßen, wenn es zu einer offiziellen Interpretation in dieser Richtung kommen könnte (198). Eine Versöhnung im Blick auf den „Petrusdienst" kann nur gedacht werden als Umkehr und Bekehrung, als Neuanfang der universalen Gemeinschaft auf der Grundlage der gemeinsam prägenden Überlieferungen. Diese Aufgabe stellt sich gleichermaßen allen Kirchen. Eine gesamtkirchliche Einheit würde die gegenseitige Anerkennung als Kirchen, die Übereinstimmung im Verständnis des apostolischen Glaubens, die Gemeinschaft in den Sakramenten und die gegenseitige Anerkennung der Ämter, denen Wort und Sakramente anvertraut sind, einschließen. Sie ist auf die Beteiligung aller Kirchen der weltweiten Christenheit ausgerichtet. In diesem Zusammenhang ist dann zu fragen, ob und wieweit die historische Gestalt des Papstamtes den wahren, bleibenden und unverzichtbaren Kern des Petrusdienstes gewahrt hat (200). Darüber hinaus ist die Frage zu stellen, ob und wieweit die Römisch-katholische Kirche grundsätzlich die Möglichkeit sieht, eine Form der Gemeinschaft der nicht römisch-katholischen Kirchen mit dem Papst zu verwirklichen, in der das Wesen

des petrinischen Einheitsdienstes gewahrt wird, in der es aber andere rechtliche Formen gibt als diejenigen, die seit dem Mittelalter und besonders in der Neuzeit als maßgeblich herausgestellt worden sind. Ansätze für die Weiterführung des Gesprächs in dieser Frage könnten sein:

- die Möglichkeit einer Orientierung an der Primatsausübung im ersten christlichen Jahrtausend ungeachtet späterer Entwicklungen;
- die Unterscheidung der Ämter, die die Person des Papstes in sich vereinigt: Bischof von Rom, Hirte der Gesamtkirche, Haupt des Bischofskollegiums, Primas von Italien, Erzbischof und Metropolit der Kirchenprovinz Rom, Souverän des Staates der Vatikanstadt;
- die Gestalt der Kirche als *communio* von Schwesterkirchen (LG 23);
- die Entwicklung des Verhältnisses zwischen der Kirche von Rom und den mit ihr unierten katholischen Ostkirchen;
- die legitime Vielfalt in Liturgie, Theologie, Spiritualität, Leitung und Praxis.

3.4. Der internationale lutherisch-katholische Dialog über die Apostolizität

(238) Das Studiendokument der Lutherisch/Römisch-katholischen Kommission für die Einheit *Die Apostolizität der Kirche*[187] geht in seinem vierten Teil („Kirchliche Lehre, die in der Wahrheit bleibt") auf die Frage von Schrift und

---

187 The Apostolicity of the Church. Study Document of the Lutheran-Roman Catholic Commission on Unity, ed. The Lutheran World Federation and Pontifical Council for Promoting Christian Unity, Minneapolis/Minn. 2006. – Deutsche Ausgabe: Die Apostolizität der Kirche. Studiendokument der Lutherisch/Römisch-katholischen Kommission für die Einheit, Frankfurt am Main 2009.

Tradition ein. Darin wird gemeinsam gesagt, dass „für Katholiken und Lutheraner die Schrift die Quelle, Regel, Richtschnur und das Kriterium der Richtigkeit und Reinheit der Verkündigung der Kirche, der Ausarbeitung ihrer Lehre wie auch ihrer sakramentalen und pastoralen Praxis" (Nr. 434) ist. Das hat seinen Grund darin, dass in den ersten Gemeinden durch die Verkündigung der Apostel unter der Inspiration des Heiligen Geistes die neutestamentlichen Schriften entstanden. Sie sollen – zusammen mit den Schriften Israels im Alten Testament – „allen Zeiten die Wahrheit von Gottes Wort gegenwärtig machen, um Glauben zu bilden und Glaubende in einem Leben zu führen, das dem Evangelium Christi würdig ist" (ebd.). Deshalb kann und muss gemeinsam bekannt werden: „Durch den biblischen Kanon konstituiert die Kirche nicht die innere Autorität der prophetischen und apostolischen Schriften, sondern erkennt sie stattdessen an" (ebd.).

Wenn Katholiken betonen, dass die Tradition in der Auslegung des Wortes Gottes unverzichtbar ist [...], verbinden sie das Evangelium und die Schrift mit dem gelebten und in der Geschichte überlieferten christlichen Glauben. Darin brachte die Überlieferung gültige Ausdrucksweisen jenes Glaubens hervor (Nr. 443).

(239) Dabei ist an die Glaubensregel, an Glaubensbekenntnisse, vor allem an das von Nizäa-Konstantinopel, und an konziliare Formulierungen der Glaubensartikel gedacht. Diese beanspruchen, „konzentrierte Zusammenfassungen und Klärungen dessen, was im apostolischen Evangelium verkündet und in den Büchern der Schrift dargelegt wird", zu sein, und sollen darum „als wesentliche Ausdrucksformen des Glaubens und Lebens der kirchlichen Lehre und Schriftauslegung Orientierung geben" (ebd.). So verstanden, kommt *Tradition* der Rolle nahe, die die altkirchlichen Bekenntnisse wie die Bekenntnisse der Reformation

in den lutherischen Kirchen spielen. Die Reformatoren haben jene Bekenntnisse als in der Heiligen Schrift wohl begründet und als Zusammenfassungen, die die weitere Auslegung der Schrift orientieren und gegen Irrlehren schützen sollen, angesehen (vgl. Nr. 446).

(240) Die katholische Seite macht die Unterscheidung:

> Die vielen ‚Traditionen' sind die Formen des Lebens und der Praxis, in denen Gottes Wort angewandt wird und die aus Treue zur Gemeinschaft des Glaubens beachtet werden. Die Schrift *ist* das inspirierte Wort Gottes, während die Tradition der lebendige Prozess ist, der ‚das Wort Gottes, das von Christus dem Herrn und vom Heiligen Geist den Aposteln anvertraut wurde, unversehrt … *weiter[gibt]'* (DV 9). Diese Weitergabe ist nicht die Quelle neuer Wahrheiten, durch die der Inhalt der inspirierten Schrift ergänzt würde, aber sie führt zu elementaren Ausdrucksweisen …, die nicht einfach ‚menschliche Traditionen' sind, denn sie drücken den biblischen Inhalt des Glaubens aus und machen ihn gewiss (Nr. 444).

(241) Auch wenn Lutheraner die Zusammengehörigkeit von Schrift und Tradition (Bekenntnis) sehen, betonen sie gleichwohl, dass „die Schrift nicht in den Traditionsprozess hinein absorbiert werden darf, sondern ihm als kritische Norm dauerhaft überlegen sein muss" (Nr. 447). Die Kommission sieht auf dem Gebiet von Schrift und Tradition eine Einheit in versöhnter Verschiedenheit, eine so weitgehende „Übereinstimmung, dass ihre unterschiedlichen Akzentsetzungen nicht aus sich selbst heraus die gegenwärtige Trennung der Kirchen rechtfertigen" (Nr. 448).

(242) Im aktuellen Lehren der Kirchen werden Schrift und Tradition auf die Herausforderungen der jeweiligen Gegenwart bezogen und müssen darum immer neu in das rechte Verhältnis zueinander gebracht werden. Was das Amt des Lehrens betrifft, besteht zwischen der Römisch-katholischen Kirche und den lutherischen Kirchen eine deutliche Asymmetrie, die das Dokument sprachlich so

kennzeichnet, dass es vom *Dienst der Lehre* in den lutherischen Kirchen und vom *Lehramt* in der Römisch-katholischen Kirche spricht.

In der katholischen Ekklesiologie bezeichnet ‚Magisterium‘ den Auftrag
des Lehrens, der dem Kollegium der Bischöfe zukommt, dem Papst als
seinem Haupt und den einzelnen Bischöfen, die mit dem Nachfolger
Petri in hierarchischer Gemeinschaft verbunden sind (Nr. 452).

(243) In den lutherischen Kirchen wird der Dienst der
Lehre sowohl auf der örtlichen Ebene im Predigen und
Lehren der Pfarrerinnen und Pfarrer wie auch überregional
von Superintendenten oder Bischöfen und Synoden, zu
denen auch Nichtordinierte gehören, ausgeübt. Dabei

darf man sich freilich nicht ausschließlich auf Amtsinhaber und Institutionen beschränken, sondern man muss auch die Prozesse der Interaktio-
nen zwischen Amtsinhabern in Betracht ziehen, ebenso wie die Inter-
ventionen von Christen, die das allgemeine Priestertum der Getauften
praktizieren, und die Theologen, die mit den Ergebnissen ihrer gelehrten
Studien und mit ihren Urteilen in Lehrfragen einen Beitrag zum Dienst
der Lehre leisten. Lutherische Kirchen haben die feste Hoffnung, dass
der Heilige Geist sie durch diese Prozesse in der Wahrheit des Evangeliums erhält (Nr. 451).

(244) Lutheraner und Katholiken sagen, dass ohne ein
Amt des Lehrens die Kirche an einem Mangel litte in der
Weitergabe des Evangeliums. Jenes Amt wird ausgeübt in
einem „Netzwerk von mehreren Bezeugungsinstanzen“
(Nr. 457), das allerdings in den Kirchen theologisch unterschiedlich verstanden und auch institutionell verschieden
geordnet wird. Auf dem Weg der Kirche durch die Zeit hat
das Amt des Lehrens die Aufgabe, „dem endgültigen Kommen Gottes zum Menschen … eine öffentliche und bestän-
dige Stimme zu verleihen“ (Nr. 460).

(245) Werden die fruchtbaren Ansätze, die in den einzelnen erörterten Dokumenten des Abschnittes A aufgezeigt sind, weiterentwickelt, dann könnte am Ende eine ökumenische Übereinstimmung in diesen wichtigen Sachfragen erreicht werden, in welcher die einen Überzogenes beschneiden bzw. das „bedrohliche Zuviel", von dem Eberhard Jüngel gesprochen hat[188], abbauen, und die anderen bisher eher Vernachlässigtes bzw. Unterbetontes neu entdecken.

B. Herausforderungen

1. Kirchesein der Lutheraner im Disput

(246) Einem Verständnis der Einheit der Kirche als einer *communio ecclesiarum* widersprechen vier ekklesiologisch relevante Dokumente der römischen *Glaubenskongregation* aus jüngster Zeit (siehe unten). Diese Dokumente bedürfen einer neuen und vertieften ekklesiologischen Grundausrichtung, die sich einer Weiterentwicklung der ökumenisch hoch bedeutsamen *communio*-Ekklesiologie des II. Vaticanum verpflichtet weiß und auf eine wirkliche *communio ecclesiarum* hinarbeitet, die bisher nicht erkenntlich ist. Es handelt sich um folgende Dokumente[189]:
- Schreiben über einige Aspekte der Kirche als Communio – *Communionis Notio*, vom 28. Mai 1992[190];

---

188 *E. Jüngel*, „Kirche im eigentlichen Sinn". Wie soll der Protestantismus auf die Anmaßung aus Rom reagieren? (2007) In: Neue Zürcher Zeitung (www.nzz.ch/ nachrichten/kultur//aktuell/kirche_im_eigentlichen_sinn_1.527265 html; NZZ online v. 12. Oktober 2009). Zur Sache siehe den folgenden Abschnitt B.1.
189 Zur Autorität kurialer Dokumente siehe oben Kap. III.B.2 Exkurs.
190 AAS 85 (1993), 838–850.

- der Brief an die Vorsitzenden der Bischofskonferenzen *Erklärung zum Begriff der „Schwesterkirchen"*, vom 30. Juni 2000[191];
- Erklärung *Dominus Iesus* über die Einzigkeit und Heilsuniversalität Jesu Christi und der Kirche, vom 6. August 2000, veröffentlicht am 5. September 2000[192];
- Antworten auf Fragen zu einigen Aspekten bezüglich der Lehre über die Kirche, vom 29. Juni 2007 mit dem offiziellen Kommentar zu diesem Dokument.[193]

(247) Inhaltlich blockieren folgende Positionen, sollten sie tatsächlich die künftige Ökumene seitens der Römischkatholischen Kirche bestimmen, jede ökumenische Annäherung:
- Die Römisch-katholische Kirche sei die Mutterkirche und könne auf der Ebene dieser Mutterschaft keine Schwester haben; die orthodoxen Patriarchate könnten Schwesterkirchen nur auf der Ebene römisch-katholischer Teil- bzw. Ortskirchen sein, d. h. z. B.: das Ökumenische Patriarchat könne Schwesterkirche der Metropolie des Erzbistums Roms oder Mailands, nicht jedoch der Römisch-katholischen Kirche sein; da die reformatorischen Kirchen keine Kirchen im eigentlichen Sinne seien, könne der Begriff Schwesterkirche auf sie ohnehin nicht angewandt werden.
- Die Einheit der Kirche Jesu Christi sei von allem Anfang an bis heute in der Römisch-katholischen Kirche gegeben; die fehlende Einheit unter Christen sei gewiss eine

---

191 Unter der Überschrift *Nota sull'espressione „Chiese sorelle"* veröffentlicht in *L'Osservatore Romano* vom 28. Oktober 2000, 6; siehe auch http://www.vatican.va/ roman_ curia/congregations/cfaith/documents/rc_ con_cfaith_doc_20000630_chiese-sorelle_ge.html.
192 AAS 92 (2000), 742–765.
193 Siehe http://www.vatican.va/roman_curia/congregations/cfaith/ documents/rc_con_cfaith_doc_20070629_responsa-quaestiones_ ge.html.

Wunde für die Römisch-katholische Kirche, insofern sie dadurch daran gehindert sei, ihre Universalität in der Geschichte voll zu verwirklichen (so *Dominus Iesus* 17).

– Die Kirche Jesu Christi subsistiere in ihrer Fülle nur in der Römisch-katholischen Kirche; sämtliche anderen Kirchen und kirchlichen Gemeinschaften litten an ekklesiologischen Defekten: die orthodoxen Kirchen ermangelten der Gemeinschaft mit Rom, und die reformatorischen Gemeinschaften hätten lediglich Elemente der Heiligung und der Wahrheit, die auf die in der Römisch-katholischen Kirche gegebene Fülle der Heilsmittel und der Wahrheit hindrängten. Wegen der Defekte im kirchlichen Amt und deshalb im Wesen der Eucharistie könnten sie nicht Kirche im eigentlichen Sinne sein.

(248) Die in diesen Dokumenten sichtbare ökumenische Zielvorstellung ist nicht die *communio ecclesiarum*, sondern unausweichlich die Rückkehr in die bestehende Einheit der Römisch-katholischen Kirche oder der zukünftige Eintritt in diese bestehende römische Einheit der Kirche. Nur eine stringente Weiterentwicklung der *communio*-Ekklesiologie, die auf deren Anfänge in LG und in UR zurückgreifen kann, wird in der Lage sein, die in den genannten Dokumenten sichtbare ekklesiologische Engführung, die in einer ökumenischen Sackgasse endet und jeden ökumenischen Dialog über kirchliche Einheit sinnlos macht, zu überwinden.

(249) In den erwähnten Dokumenten der Glaubenskongregation wird die Nichtanerkennung des Kircheseins der reformatorischen Kirchen begründet mit dem nicht in der historischen apostolischen Sukzession stehenden Amt dieser Kirchen. Aber schon Alois Grillmeier hatte in seinem Kommentar zu LG 15 darauf hingewiesen, dass „in dem Grade wie … Teilnahme an der christusgestifteten Kirch-

lichkeit zugegeben wird, wird einschlußweise auch kirchliche Autorität oder Leite- und Ordnungsgewalt zugestanden".[194] Grillmeier erinnert hier an die vom Konzil verwendeten Begriffe *Kirchen* und *kirchliche Gemeinschaften*, ohne zu sagen, welche nichtrömischen Kirchen *Kirchen* und welche *kirchliche Gemeinschaften* genannt werden. Das Konzil hatte diese Frage bewusst offen gelassen. Dies verweist wohl darauf, dass das Konzil dem Selbstverständnis der Kirchen Rechnung tragen wollte.

(250) Für die orthodoxe Theologie gilt:

Die Anerkennung des Amtes ist eine Sache der Anerkennung der Gemeinschaft, in der dieses Amt wirkt, und nicht umgekehrt. ... Die Eucharistie der um ihren Bischof im Heiligen Geist versammelten Gemeinde ist der natürliche Kontext aller ... Ämter und nicht, wie oft in der Argumentation und Diskussion um das Amt dargestellt wird, ein Nebenprodukt des geweihten Amtes.[195]

(251) Wenn man diesen Gesichtspunkt für die Ökumene fruchtbar macht, bedeutet dies, dass die Apostolizität von Kirche konstituiert wird durch das Verharren der Gemeinden und Kirchen im apostolischen Glauben (Heilige Schrift und Glaubensbekenntnis von 381) und nicht durch eine historisch in den Anfängen nicht nachweisbare apostolische Sukzession des kirchlichen Amtes seit den Zeiten der Apostel. Das altkirchliche Bischofsamt *drückt* die Apostolizität der Kirche *aus*, *konstituiert* diese aber nicht.

---

194 LThK Erg.-Bd. I, Freiburg ²1966, 202.
195 *A. Kallis*, Um den Bischof im Heiligen Geist versammelte Gemeinde. Der Bischof in der Tradition der orthodoxen Kirche, in: *W. Sanders* (Hrsg.), Bischofsamt – Amt der Einheit, München 1983, 61.

2. Das Luthertum und die Katholizität der Kirche

(252) Wenn die lutherischen Kirchen auch von Anfang an stets die Katholizität der Kirche unterstrichen und bekannt haben, hat ihre historische Entwicklung doch in manchen Gegenden eher die Tendenz zur Territorialität und Partikularität gefördert (vgl. oben Kap. III.A). Dies hat öfters einen ekklesialen Provinzialismus mit sich gebracht, der die Grenzen der Kirche mit denen der *Nationalkirche* verwechselte und entsprechend die umfassendere Gemeinschaft der universalen Kirche aus den Augen verlor.

(253) Es kann nicht überraschen, dass solche territoriale Engführung den Sinn für die Einheit der *ecclesia catholica* und für eine jene Einheit stärkende und ihr verpflichtete Primatsfunktion erheblich schwächte und kirchliche Einheitsbestrebungen mitunter geradezu als sinnlos hat vorkommen lassen. Was in anderen Kirchengemeinschaften über dies oder jenes gelehrt werde, gehe die eigene Territorialkirche in der Praxis nichts an und könne daher auch nicht als Richtschnur oder Korrektur der eigenen Lehr- oder sonstigen Aktivität gelten. Die Territorialkirche wird hier der universalen christlichen Gemeinschaft vorgeordnet, die aus diesem Grunde nur dann Aufmerksamkeit beanspruchen kann, wenn ihr Verhältnis zur Territorialkirche sich nicht im Konflikt entwickelt. Im Konfliktfall aber wird sowohl im Verhältnis zum Weltluthertum als auch in der Beziehung zur Gesamtökumene die Korrektur der Weltkirche ignoriert und bagatellisiert oder stößt direkt auf mehr oder weniger schroffe Ablehnung.

(254) Dies erklärt auch, warum die Bestrebungen des Lutherischen Weltbundes, aus einem Bund der Lutheraner eine lutherische *communio* zu bilden, erst spät einsetzen und bis auf den heutigen Tag nur teilweise gelungen sind, und warum in großen lutherischen Kirchen ein universallutherischer Primat jeglicher Art nach wie vor angefochten bleibt.

In diesen Zusammenhang gehören auch die oft erfolglos gebliebenen und nur ausnahmsweise erfolgreichen Versuche, einen *status confessionis* auszurufen, der in akuten Situationen das *munus propheticum ecclesiae* verkörpern würde. Oft hindern Autonomie und Individualismus lutherischer Landes- und Nationalkirchen diese daran, die mit ihrer Verpflichtung auf die Heilige Schrift und die altkirchlichen Bekenntnisse gegebene Verwurzelung in der Tradition der Gesamtkirche in ihrem Leben voll zu realisieren; so schwächen sie die Virulenz der Katholizität ihres Glaubens, die doch für Christ- und Kirchesein so wichtig ist.

(255) In einer solchen Situation wird der Konkretion der Einheit viel zu wenig Aufmerksamkeit gewidmet und Gewicht beigemessen; stattdessen wird die Einheit eher auf die unsichtbare Verbindung in und mit Christus verlagert. Die Annahme eines Amtes, das der universalkirchlichen Einheit verpflichtet ist, kann sogar missverstanden werden als verdammenswerter Versuch, in überheblicher Weise die in Christus gegebene Einheit durch menschliche Bestrebungen ersetzen und diese so antasten zu wollen. So kommt man in manchen lutherischen Kirchen zu der zumindest im ökumenischen Zusammenhang überraschenden Schlussfolgerung, die Bestrebungen für eine Konkretisierung kirchlicher Einheit seien verfehlt und eher als Missverständnis zu verstehen. In manchen dieser Kirchen fehlen zudem Strukturen, um die Katholizität sichtbar zum Ausdruck zu bringen, so dass sie als Kirchen nicht aktiv am ökumenischen Gespräch teilnehmen können. Hier wird dann die Einheit vollends spiritualisiert, und man verschafft sich so eine Grundlage, auf der argumentiert werden kann, dass alle Bemühungen um das Sichtbarmachen kirchlicher Einheit und sämtliche Primatsansprüche bestenfalls überflüssig und schlimmstenfalls Ausdruck menschlicher und kirchlicher Machtentfaltung seien.

(256) Diese Einstellung entwickelt schnell und unschwer eine Atmosphäre der Vorurteile und des Misstrauens gegenüber aller universalkirchlichen Aufsicht und zugleich eine Gleichgültigkeit gegenüber dem Anliegen kirchlicher Einheit; beides ist einem Bemühen um ein gegenseitiges Verständnis oder gar um eine Akzeptanz einer universalkirchlichen Einheitsfunktion höchst abträglich. Demgegenüber muss ein Verständnis für die notwendige Dimension der Katholizität der Kirche in weiten Teilen des Luthertums wiederentdeckt und zurückgewonnen werden; zusammen mit der Erkenntnis der – nicht zuletzt in einer immer kleiner werdenden christlichen Welt – ernsthaften und bedrohten Lage der geteilten Kirche ist dies zweifelsohne die unumgängliche Voraussetzung dafür, dass Lutheraner in der Aufforderung von Johannes Paul II., römisch-katholische Theologen und Theologen der anderen Kirchen mögen gemeinsam überlegen, wie das petrinische Amt in Zukunft gestaltet werden könnte, etwas anderes und mehr erblicken können als einen erneuten Versuch Roms, die anderen Kirchen zur Anerkennung des Papstamtes zu bewegen.

Kapitel V:
‚Ut unum sint': Auf dem Weg
zu einem erneuerten Petrusamt

(257) Der vorliegende Bericht versucht einen Brückenschlag zwischen den lutherischen Vorbehalten gegenüber dem Papstamt und dessen Verständnis in der Römischkatholischen Kirche. Die tragenden Pfeiler dieses Brückenschlags sind die Analyse der Papstkritik Luthers und der lutherischen Reformation einerseits und die der Lehre des I. und II. Vatikanischen Konzils über das Papstamt andererseits. Als verbindendes Glied bietet sich das vom II. Vaticanum erneuerte Verständnis der Kirche als *communio ecclesiarum* an. Auf dessen Boden ergeben sich von lutherischer und von katholischer Seite sowohl Perspektiven für eine Annäherung als auch Anfragen an die gegenwärtige Gestalt und Praxis des päpstlichen Primats. Daran schließt sich ein Überblick über verheißungsvolle und problematische Entwicklungen an, sei es in den bisherigen ökumenischen Dialogen, sei es in lehramtlichen Verlautbarungen.

(258) Da sich die beiden Papstdogmen des I. Vaticanum in der Vergangenheit bis heute als ein entscheidendes Hindernis für eine Annäherung erwiesen haben, sollen abschließend einige weiterführende Gesichtspunkte vorgestellt werden, die sich aus der heutigen Interpretation der beiden Dogmen aufgrund der neueren historischen Forschung und im Lichte der *communio*-Ekklesiologie des II. Vaticanum ergeben.

A. Hermeneutische Prinzipien einer Relecture des I. Vaticanum (Zusammenfassung)

(259) Tatsächlich erlauben es die Ergebnisse der jüngeren historischen Forschung heute, zwischen der wahren Aussageabsicht des I. Vaticanum und seiner auf die damalige Zeitlage bezogenen Aussageweise zu unterscheiden, auf welche sich aber die langwährenden maximalistischen Interpretationen seiner beiden Dogmen stützten. Dieses Konzil hat die Tradition des ersten Jahrtausends – die Kirche als Netzwerk miteinander kommunizierender Kirchen – weder leugnen noch ablehnen wollen. Auch wenn es verfrüht ist, die Divergenzen über das Papstamt als überwunden zu erklären, erlaubt die neue Sicht des I. Vaticanum auch Lutheranern doch eine neue Einschätzung seiner Aussagen.[196]

(260) Dazu können ferner die Ergebnisse anderer Dialoge beitragen, zumal des orthodox-katholischen Dialogs über den päpstlichen Primat[197], bei denen die sachgerechte Lesart des I. Vaticanum im Lichte früherer Konzilien und des II. Vaticanum zum Tragen gekommen ist. In diesem Zusammenhang sprechen einige von der Notwendigkeit

---

196 Seit langem vorbereitet und entwickelt von Klaus Schatz und Hermann Joseph Pottmeyer in ihren grundlegenden Arbeiten über das I. Vaticanum, siehe oben Anmerkung 65.

197 Ein Beispiel einer möglichen Relecture und Re-rezeption liegt vor im Bericht der *Joint International Commission for the Theological Dialogue between the Catholic Church and the Orthodox Church*, Ecclesiological and Canonical Consequences of the Sacramental Nature of the Church: Ecclesial Communion, Conciliarity and Authority, Ravenna, 15 October 2007, in: *The Ecumenical Review* 60 (2008), 319–333, siehe besonders die Paragraphen 18–44.

einer Relecture[198], andere wiederum von der Dringlichkeit
einer Re-rezeption des I. Vaticanum.[199]

According to the Catholic view, such a re-reception does not put into
question the validity of the definitions of the Council, but concerns its

---

198 Z. B. *J. Ratzinger*: „Wie es innerhalb der Heiligen Schrift den Vorgang der relecture gibt, der deutenden Wiederaufnahme alter Texte
in einer neuen Situation, wodurch das Damalige neu verstanden,
aber auch das Neue in die Einheit mit dem Damaligen zurückge-
bunden wird, so stehen auch die einzelnen Dogmen und die Äußerungen der Konzilien nicht isoliert, sondern im Prozeß der dog-
mengeschichtlichen relecture und sind innerhalb dieser Einheit der
Geschichte des Glaubens zu verstehen. Der neue Text ist zu lesen
in Einheit mit dem vorangegangenen, wie umgekehrt dieser verge-
genwärtigt und entfaltet wird durch das Neue. Daß diese Einsicht
für das Verständnis des I. Vaticanum von grundlegender Bedeutung ist, liegt auf der Hand; ... " (Das neue Volk Gottes. Entwürfe
zur Ekklesiologie, Düsseldorf [Patmos] ²1970, 140–141). In diesem
Text wird zweierlei übersehen: 1. Die gesamte *nachapostolische* kirchliche Lehrtradition in der Dogmengeschichte, von ihren Anfängen
bis heute, untersteht dem Kriterium des Sachgehalts der Heiligen
Schrift und ist in ihrem Verständnis immer wieder neu am *apostolischen* Zeugnis der Heiligen Schrift auszurichten, wodurch die
Lehre auch korrekturfähig bleibt. Insofern kann eine *dogmengeschicht-
liche* Relecture nicht so ohne weiteres mit der *innerbiblischen* Relecture
verglichen werden; sie kann auch nicht auf die gleiche Ebene mit
dieser gestellt werden, weil sie dann, ohne es überhaupt prüfen
zu können, sämtliches kirchliches nachapostolisches Lehren
(wegen der behaupteten durchgängigen Einheit der Geschichte des
Glaubens) als Vergegenwärtigung und Entfaltung des biblischen
Glaubens im jeweils Neuen des kirchlichen Lehrens ansehen
müßte. Dies ist selbst von der gegenreformatorischen Theorie der
Zwei-Quellen der göttlichen Offenbarung so nicht behauptet
worden. 2. Die hier dargestellte idealistische Sicht der *Einheit des
Glaubens* übersieht die zahlreichen Brüche, Abbrüche und sogar Irr-
wege, die immer wieder der Anlass für kirchliche Reform- und
Erneuerungsbewegungen gewesen sind. Hier muss auf LG 8.3 verwiesen werden: „Ecclesia ... sancta simul et semper purificanda
poenitentiam et renovationem continuo prosequitur."
199 Z. B. *Y. Congar*, Diversités et communion: dossier historique et con-
clusion théologique, Paris [Cerf] 1982.

interpretations. For reception does not mean an automatic merely passive acceptance, but a lively and creative progress of appropriation.[200]

(261) Eine Relecture der Vatikanischen Texte ist nicht nur eine Angelegenheit der theologischen Forschung, sondern sie scheint auch im Zentrum der Römisch-katholischen Kirche selbst praktiziert zu werden. Diese Tatsache entspricht der Einheitsenzyklika von Johannes Paul II. und erlaubt, die Vatikanischen Entscheidungen von 1870 neu zu verstehen mit weit reichenden Konsequenzen für die Interpretation des Primats und der Unfehlbarkeit.

(262) Dieser hermeneutische Zugang unterstreicht die Wichtigkeit, das Dogma vom Petrusamt nicht isoliert zu interpretieren, sondern im Zusammenhang mit der allgemeinen *communio*-Ekklesiologie, im Lichte der Heiligen Schrift, der *gesamten* Tradition wie auch in seinem historischen Kontext des 19. Jahrhunderts.[201] Zusammen genommen ergibt dies ein modifiziertes Konzept des päpstlichen Primats als eines *primatus communionis ecclesiarum* mit einer höchst wichtigen Implikation: die Einheit der *ecclesia una* schließt Pluralität und Vielfalt der *ecclesiae* nicht aus. Daher impliziert der päpstliche Primat weder Zentralisierung noch

---

200 *W. Kasper*, Petrine Ministry and Synodality, in: The Jurist 66 (2006), 302. Der Begriff der Rezeption ist für die ökumenische Theologie grundlegend. Vgl. *Y. Congar*, La réception comme réalité ecclésiologique, in: RSPhTh 56 (1972), 369–403; *A. Grillmeier*, Konzil und Rezeption, in: *Mit ihm und in ihm: Christologische Forschungen und Perspektiven*, Freiburg/Br. [Herder] 1975, 309–334; *W. Beinert*, Die Rezeption und ihre Bedeutung in Leben und Lehre, in: *W. Pannenberg u. Th. Schneider (Hrsg.)*, Verbindliches Zeugnis, Bd. 2. Dialog der Kirchen, Freiburg/Göttingen [Herder/Vandenhoeck & Ruprecht] 1995, 193–218; *G. Routhier*, La réception d'un concile (Cogitatio fidei), Paris [Cerf] 1993, 174.
201 *W. Kasper*, Relire Vatican I: une tâche oecuménique prioritaire pour l'Église catholique, in: Istina 50 (2005), 341–352.

Uniformität noch Fusion der Kirchen.[202] Ebnen solche Gesichtspunkte zur Frage des *primatus* etwa den Weg für „eine Sondergestalt der reformatorischen Christenheit in der Einheit der einen Kirche"[203] als eine *Ecclesia Lutherana Catholica*? Dabei ist keineswegs an einen Uniatismus gedacht: „... ‚Uniatismus' [kann] ... in Zukunft weder als zu befolgende Methode ... noch als Modell für die angestrebte Einheit unserer Kirchen [betrachtet werden]."[204]

(263) Bezüglich der *päpstlichen Unfehlbarkeit* bietet die Relecture der Vatikanischen Texte einige wichtige Korrekturen, die helfen können, Vorurteile und überkommene Missverständnisse zu überwinden:

– Die Unfehlbarkeit des Papstes ist keine persönliche Qualität, weil seine *infallibilitas* lediglich ganz besonderen Aktivitäten gilt, bei denen er als oberster Lehrer der Kirche in Bezug auf *fides et mores* mit letztverbindlichem Anspruch auftritt.

---

202 In eine solche Richtung weisen auch die Überlegungen von *J. Ratzinger* (siehe Anm. 198), 142: „Nur der Glaube ist unteilbar, ihm ist die einheitsstiftende Funktion des Primates zugeordnet. Alles andere kann und darf unterschieden sein und läßt daher auch selbständige Leitungsfunktionen zu, wie sie in den ‚Primaten' bzw. Patriarchaten der alten Kirche verwirklicht waren: Kircheneinheit muß ... nicht Einheitskirche bedeuten .... Demgemäß sollte man es als Aufgabe für die Zukunft betrachten, das eigentliche Amt des Petrusnachfolgers und das patriarchale Amt wieder deutlicher zu unterscheiden und, wo nötig, neue Patriarchate zu schaffen und aus der lateinischen Kirche auszugliedern. Die Einheit mit dem Papst anzunehmen würde dann nicht mehr bedeuten, sich einer einheitlichen Verwaltung anzugliedern, sondern lediglich heißen, sich der Einheit des Glaubens und der communio einfügen, dabei dem Papst die Vollmacht verbindlicher Auslegung unterstellen, wo sie in definitiver Form geschieht."

203 Ibidem, 143.

204 Dokument der Gemeinsamen Internationalen Kommission für den theologischen Dialog der Katholischen Kirche und der Orthodoxen Kirche (Balamand-Erklärung), DwÜ III, 560–567, hier Nr. 12, S. 562.

- Die *infallibilitas papae* darf nicht von der *indefectibilitas ecclesiae* getrennt werden. Wie die Institution des *status confessionis* dient die Unfehlbarkeit der authentischen Formulierung verbindlicher Definitionen der Wahrheit. Unter Lutheranern und Katholiken ist es nicht kontrovers, dass autoritative Lehre notwendig ist; die Art und Weise aber, wie diese faktisch bewerkstelligt wird, ist bislang höchst umstritten. Die katholische Kirche reagiert auf diese Herausforderung durch das unfehlbare Lehramt, die Lutheraner durch die Erklärung eines *status confessionis*, obwohl sie für diesen Vorgang über keine institutionalisierten und theoretisch hinreichend fundierten Instrumente verfügen.[205] So lehren beide Konfessionen, wenn auch unterschiedlich und mit verschiedenem

---

205 Die lutherischen Kirchen vertrauen darauf, dass sich der Dienst der Lehre in ihnen und zwischen ihnen in einem Zusammenwirken vieler verschiedener Personen und Instanzen und in einem Zusammenspiel vieler verschiedener Prozesse vollzieht. Sie wissen, dass es der Heilige Geist ist, von dem die Bewahrung der Kirchen in der Wahrheit zu erhoffen und zu erbitten ist. Freilich, wenn dieses Vertrauen in den Heiligen Geist nicht spiritualistisch werden und verkennen soll, dass der Heilige Geist Menschen und Institutionen in seinen Dienst nimmt, um sein Werk zu tun, dann können und dürfen sich lutherische Kirchen nicht der Aufgabe eines Lehrens und Entscheidens, das über die einzelnen Kirchen hinausgeht, entziehen. Freilich können sie sich auf Prozesse gemeinsamer Lehrbildung nur dann einlassen, wenn klar ist, dass in ihnen eine Offenheit für das Zeugnis der Heiligen Schrift besteht und ihre Bekenntnistradition ernst genommen wird. Von hier aus stellen sich insbesondere an das Lehramt des römischen Bischofs wie an das des Kollegiums der römisch-katholischen Bischöfe die Frage und die Aufforderung, das Selbstverständnis, *universales* Lehramt zu sein, so zu realisieren, dass es nicht nur die eigenen Lehrtraditionen ernst nimmt, sondern auch die anderer christlicher Kirchen. Ohne ein solches Ernstnehmen kann von einem *universalen* Lehramt, das diesen Namen verdient, nicht gesprochen werden, und es kann nicht erwartet werden, dass andere Kirchen als die römisch-katholische in den Stellungnahmen dieses Lehramts die wahre Stimme des Evangeliums erkennen können.

Gewicht, autoritativ und verleihen so dem christlichen Glauben konkrete Gestalt gegenüber der Welt (*munus propheticum ecclesiae*).

– Die Unfehlbarkeit ist nicht ohne Bedingungen: der Papst ist nur dann unfehlbar, wenn er ausdrücklich als oberster Lehrer der Kirche auftritt und die Absicht verfolgt, die Universalkirche auf die – in Treue zur ein für allemal in Christus geschehenen und in der Heiligen Schrift bezeugten Offenbarung – zu definierende Wahrheit zu verpflichten.

(264) Im Blick auf die *päpstliche Jurisdiktion*, die das I. Vaticanum als eine ordentliche und unmittelbare bezeichnet, erschließt die Relecture der Vatikanischen Texte ebenfalls Möglichkeiten, Vorurteile und überkommene Missverständnisse zu überwinden:

– Die katholische Tradition unterscheidet ordentliche von delegierter Vollmacht, wobei die erstere die einer Person kraft ihres spezifischen Amts zukommende Vollmacht bezeichnet, während die letztere die im Namen einer anderen Person ausgeübte Vollmacht kennzeichnet; das I. Vaticanum versteht den Papst nicht als Bischof der einzelnen Diözesen.

– Die Vollmacht des Papstes ist unmittelbar, d.h. sie kann ohne Rekurs auf einen Mittelsmann ausgeübt werden.

– Auf der anderen Seite ist der Papst, da seine Vollmacht in verschiedener Weise begrenzt ist, kein absoluter Monarch:

1. Dieselbe höchste Vollmacht steht den im Konzil versammelten Bischöfen zusammen mit dem Papst zu. Bischöfliche Vollmacht wird nicht von der Vollmacht des Papstes abgeleitet, noch verstößt die päpstliche Vollmacht gegen die Rechte des Konzils.

2. Päpstlicher Jurisdiktion sind vom Naturrecht, vom göttlichen Recht wie normalerweise auch vom kanonischen Recht und vom Gewohnheitsrecht Grenzen

gesetzt, und der Papst bleibt an die Offenbarung und Konzilsbeschlüsse gebunden und muss die grundlegende kirchliche Ordnung, einschließlich des Bischofsamtes, und somit auch die der Diözesen und der konziliaren und kollegialen Ordnung respektieren.

3. Obwohl die päpstliche Vollmacht ordentlich und unmittelbar ist, greift der Papst entsprechend den Aussagen des Ersten Vatikanischen Konzils im Normalfall nicht in das alltägliche Leben der Ortskirche ein, sondern lediglich ausnahmsweise und im Notfall.

4. Päpstliche Jurisdiktion ist stets gehalten, der Auferbauung der Kirche und nicht der Zerstörung ihrer göttlichen Ordnung zu dienen.

B. Folgerungen und Implikationen

(265) Gegründet auf jüngere theologische und ökumenische Entwicklungen und besonders im Lichte der wichtigen, durch den oben beschriebenen hermeneutischen Zugang gewonnenen Ergebnisse stellt die Gruppe von Farfa Sabina fest, dass eine neue Situation sich abzuzeichnen beginnt, die Neubewertungen ermöglicht und den Weg zu einem gemeinsamen Verständnis eines universalkirchlichen Einheitsamtes eröffnet.

1. Neubewertungen

1.1. Neubewertung des Papstamtes durch die lutherischen Kirchen

(266) In diesem Licht hat das Papsttum seinen Charakter eines kirchentrennenden Hindernisses zwischen Lutheranern und Katholiken verloren. Unter der Voraussetzung der oben gegebenen Interpretation des I. Vaticanum kön-

nen Lutheraner bereit sein, das Papstamt als einen legitimen Ausdruck des Amtes universalkirchlicher Einheit für die Römisch-katholische Kirche anzuerkennen. Dies bedeutet nicht, dass damit die gegenwärtige Gestalt des Papstamtes als angemessener Ausdruck des universalkirchlichen Einheitsamtes für die künftige *communio ecclesiarum* von den lutherischen Kirchen angesehen wird.

1.2. Die katholische Kirche und die communio ecclesiarum

(267) Eine wichtige Schlussfolgerung der Relecture der Beschlüsse des I. Vaticanum im Lichte des II. Vaticanum und im Lichte der kirchlichen Realität des ersten Millenniums ist, dass die Einheit der Kirche als *communio ecclesiarum* zu verstehen ist. *Communio ecclesiarum* kann jedoch nur angemessen realisiert werden, wenn das Kirchesein derjenigen, welche diese *communio* bilden sollen, nicht in Frage gestellt wird. Dies erfordert katholischerseits die Anerkennung der lutherischen Kirchen als Kirchen[206], wie es umgekehrt lutherischerseits die Anerkennung der Gestalt der katholischen Kirche als dem Evangelium nicht widersprechend einschließt. Dies bedeutet nicht, dass die Kirchen mit der Gestalt der jeweils anderen Kirche einverstanden sein müssen. Aber das, was Kirche zu Kirche macht, ist als in beiden Kirchen gegeben wechselseitig anzuerkennen. Das katholische Verständnis der Kirche als *communio ecclesiarum* ist grundsätzlich offen für die Anerkennung unterschiedlicher Ausdrucksformen der Kirche Jesu Christi. Diese Möglich-

---

206 Eine solche Anerkennung könnte sich an der am 31. Oktober 1999 in Augsburg feierlich unterzeichneten „Gemeinsamen Erklärung zur Rechtfertigungslehre" (zusammen mit der „Gemeinsamen Offiziellen Feststellung" und dem Annex) orientieren, die ausdrücklich das Bleiben der Kirchen in der Wahrheit des Evangeliums und des apostolischen Glaubens feststellt.

keit impliziert auch eine prinzipielle Offenheit für andere Formen kirchenleitender Ämter, einschließlich des Papstamtes.[207]

1.3. Folgerungen

(268) Falls beide Voraussetzungen erfüllt sind, ist eine Einheit in versöhnter Verschiedenheit möglich. Im Lichte solcher Reorientierung könnte sich ein Petrusamt entwickeln mit dem Auftrag, der Einheit aller Kirchen zu dienen. Unser Dialog hat gezeigt, dass die strittigen Fragen keineswegs unüberwindlich sind. Die wechselseitigen Neubewertungen eröffnen eine neue Perspektive, die nicht die Beibehaltung des derzeitigen status quo bedeutet, sondern den Aufbruch zu einem gemeinsam verstandenen Petrusdienst ermöglicht.

2. Auf dem Weg zu einem gemeinsamen Verständnis des Petrusdienstes

2.1. Petrusamt und Konzil

(269) Die höchste Instanz kirchlicher Lehrverkündigung sind in der Römisch-katholischen Kirche der Papst und die Bischöfe zusammen mit dem Papst, seien sie auf einem Konzil versammelt oder verstreut über den ganzen Erdkreis. Angesichts unseres Dialogs legt sich der Vorschlag nahe, der Papst möge erklären, dass er und seine Nachfolger in Zukunft dogmatische Entscheidungen nor-

---

207 Vgl. die dogmatische Korrektur in LG 28, wo nur das kirchliche Amt als solches als „divinitus institutum" bezeichnet wird, nicht jedoch dessen Dreigliedrigkeit, die in Trient als „divina ordinatione instituta" definiert wurde (DH 1776).

malerweise nur über den Weg einer breiten vorhergehenden öffentlichen Diskussion herbeiführen werden, unter Mitwirkung der Bischöfe, der Repräsentanten der anderen Kirchen und unter Hinzuziehung des jeweiligen Sachverstandes, wie es der überwiegenden Tradition der Kirche entspricht. Der klassische und angemessenste Ort dafür wäre ein Konzil.[208] Ein solches entspricht der altkirchlichen Rea-

---

208 Primat und Konziliarität bzw. Synodalität schließen sich nicht aus. Zwar haben innerhalb der Westkirche die päpstliche Furcht vor dem spätmittelalterlichen Konziliarismus, dem die Beendigung des großen Abendländischen Schismas zu verdanken ist, sowie die Weigerung Roms, die Streitfragen des Glaubens während der Reformationszeit auf einem freien Konzil zu behandeln, dazu geführt, dass das viel zu spät einberufene Konzil von Trient sowohl im Bewusstsein der Zeitgenossen wie vor allem in den nachfolgenden Jahrhunderten mehr als Veranstaltung des Papstes denn als Konzil begriffen wurde. In der Gegenreformation und den ihr folgenden Epochen wurden in der Römisch-katholischen Kirche das synodale und konziliare Element immer mehr aus dem Leben der Kirche zurückgedrängt bei gleichzeitiger Stärkung eines auf die Hierarchie und auf den Primat zugeschnittenen Kirchenbildes. So entschwand der Gedanke von Synodalität und Konziliarität immer mehr auch aus dem Bewusstsein der Gläubigen. – Ganz anders bestimmt das synodale Element das Leben der orthodoxen und der reformatorischen Kirchen. Es ist ein beherrschender Aspekt für die Strukturierung des gesamten kirchlichen Lebens. Insbesondere in den orthodoxen Kirchen sind Bischof und Synode, Patriarch und Synode aufeinander angewiesen und gemeinsam für die Leitung der Kirche verantwortlich. Sinnenfällig kommt dies zum Ausdruck auch in zwischenkirchlichen Verlautbarungen: Die gemeinsame Erklärung über die Aufhebung der Exkommunikation zwischen Rom und den orthodoxen Kirchen wurde verabschiedet zwischen „Papst Paul VI." und dem „Patriarchen Athenagoras I. mit seiner Synode" (siehe DwÜ I, 522 f). – Auf dem II. Vatikanischen Konzil und in seinem Gefolge wurde auch in der Römisch-katholischen Kirche das synodale und konziliare Element in seiner Bedeutung für das Leben der Kirche wieder neu entdeckt. Durch die Einrichtung von Räten sollte dieses Element – zunächst nur rudimentär – wieder stärker gewichtet werden. Pfarrgemeinderäte und Diözesanräte wurden überall neu errichtet. Auf universalkirchlicher Ebene hätte die Bischofssynode ganz neues Gewicht bekommen sollen. Eine Mitbestimmung ist den diversen Räten bis-

lität, den Forderungen der Reformation und der Vierten Vollversammlung des ÖRK in Uppsala 1968 und dem von dorther in der ökumenischen Bewegung entwickelten Konzept der Einheit der Kirchen als konziliarer Gemeinschaft.

(270) Dieser Gedanke eines Konzils bedeutet sowohl für die reformatorischen Kirchen wie für die Römisch-katholische Kirche eine Herausforderung: in den lutherischen Kirchen könnte dadurch die Realität der Katholizität und der Universalität verstärkt ins Bewusstsein rücken[209]; in der Römisch-katholischen Kirche sollte dies der Anlass sein, die Synodalität und die Einbeziehung der Laien (Kirche als Volk Gottes) auf allen Ebenen ihres Lebens zu verwirklichen.

2.2. Einheits- und Hirtenamt

(271) Zum Wesen der Kirche gehört die *episkopè*. Sie wird in unseren Kirchen sowohl personal, kollegial und/oder synodal ausgeübt. Wahrgenommen wird sie in den einzelnen Kirchen durch unterschiedliche Ämter: In der Römisch-katholischen Kirche durch das Bischofsamt, in den lutherischen Kirchen durch das Zusammenspiel von kirchenleitenden Personen (Bischöfen, Kirchenpräsidenten etc.) und Synoden. Bezüglich des biblischen Begriffs ἐπισκοπεῖν (episkopein), bischöflicher Sukzession und der apostolischen Kontinuität der Kirche ist man weithin darin einig, dass apostolische Sukzession und apostolische Kontinuität immer als eine einheitliche Größe aufgefasst werden müssen und das eine nie ohne Bezug auf das andere verstanden

---

her jedoch versagt geblieben. Dies gilt auch für die Bischofssynode. Eine wirklich synodale Einbindung des Primats ist bisher in der Römisch-katholischen Kirche noch nicht verwirklicht, obwohl sie dringend erforderlich wäre.

209 Siehe oben Kap. IV.B.2.

werden kann. Der Bischof kann deshalb niemals in seiner Individualität und losgelöst von einer Gemeinschaft von Gläubigen gesehen werden. Dies gilt auch für den Bischof von Rom, dem nach altkirchlicher Tradition ein Ehrenvorrang unter den Bischöfen zukommt, der aber gleichzeitig *als Pastor seiner Gemeinschaft* Mitglied des Bischofskollegiums ist. Ein künftiger Inhaber eines universalkirchlichen Einheitsamtes hätte, sofern die Kirchen sich auf die Einrichtung eines solchen verständigen können, die Kompetenz, ein Konzil einzuberufen, die Verpflichtung, für die Einheit der Kirche(n) Sorge zu tragen und sich der pastoralen Nöte aller Gläubigen anzunehmen (Hirtenamt). In Beratung und Abstimmung mit den Kirchen würde er festlegen, wann es notwendig ist, gemeinsam zu entscheiden, zu lehren und zu zelebrieren, und was legitimerweise der Ortsgemeinschaft an Entscheidung, Lehre und Liturgie überlassen bleiben mag. Entscheidungen auf der universalkirchlichen Ebene sind nämlich durchaus nicht immer zur Lösung von Problemen der regionalen und lokalen Kirchenebene geeignet. Deren Probleme können vielfach auf regionalen und lokalen Synoden einer Lösung entgegengeführt werden. Es bedarf also der Synodalität und der Zusammenarbeit auf und zwischen allen Ebenen: örtlich, regional und universal, zumal in einer Welt, die immer mehr zusammenwächst und gleichzeitig Regionalisierungen evoziert.

2.3. Das Petrusamt im Dienst der Wahrheit

(272) Wie oben festgestellt muss die göttliche Verheißung, in der Wahrheit gehalten zu bleiben, vor allem in ihrem Konnex mit der *indefectibilitas ecclesiae* verstanden werden. Die Verheißung ist an die Kirche Christi als solche gerichtet, als deren authentische Zeugin jene kirchliche Autorität überhaupt erst handelt, wenn sie die Wahrheit

definiert und die Gläubigen hütet und leitet. Daraus erhellt, dass Konzilsentscheidungen und päpstliche Akte stets der Rezeption durch das Volk Gottes bedürfen, um das zu werden, was sie zu sein beabsichtigen: Ausdruck des Bleibens der Kirche in der Wahrheit und des unermüdlichen Ringens um sie angesichts der zahlreichen Herausforderungen, mit denen die Kirchen konfrontiert werden. In dieser Situation wird das Fehlen eines für die gesamtkirchliche Verständigung lutherischer Kirchen zuständigen Amtes besonders schmerzlich empfunden.

(273) Der Entwicklung von Synoden auf allen Ebenen der katholischen Kirche sowie der Rezeption kirchlicher Lehrentscheidungen durch das gesamte Volk Gottes steht das Dogma des I. Vaticanum nicht entgegen. Dies würde dem Hinweis dieses Konzils auf die alte Tradition der Wahrheitsfindung in der Kirche und den Erläuterungen der zuständigen Kommission entsprechen, die die prinzipielle Notwendigkeit einer angemessenen Konsultation und den subsidiären Charakter von *Ex-cathedra*-Entscheidungen hervorheben.

(274) Hervorgehoben wird dies in der Lehre des II. Vaticanum vom Bischofskollegium und seiner gesamtkirchlichen Mitverantwortung, von der aktiven Teilhabe der Laien am Glaubensleben der Kirche und vom Charakter der Kirche als *communio ecclesiarum*. Das orientierende Glaubenszeugnis der Partikularkirchen kommt in der partnerschaftlichen und kollegialen Form der Wahrheitsfindung und Entscheidung besser zur Geltung. Zu Recht heißt es in den Erwägungen *Der Primat des Nachfolgers Petri im Geheimnis der Kirche* der Glaubenskongregation von 1998:

Es ist ja ein Kennzeichen des Dienstes der Einheit, eine Folge auch der Gemeinschaft des Bischofskollegiums und des *sensus fidei* des ganzen Gottesvolkes, auf die Stimme der Partikularkirchen zu hören … Die letzte und unabdingbare Verantwortung des Papstes findet die beste

Garantie einerseits in seiner Einordnung in die Tradition und in die brüderliche Gemeinschaft und andererseits im Vertrauen auf den Beistand des Heiligen Geistes, der die Kirche leitet.[210]

(275) In ökumenischer Hinsicht könnte eine solche Erklärung Roms über das zukünftige Verhalten der Päpste ein Schritt hin zu einer Verständigung sein. Dieser Schritt entspräche der von Papst Johannes Paul II. in der Enzyklika *Ut unum sint* geäußerten Bereitschaft, bei der Art und Weise der Ausübung seines Amtes das ökumenische Anliegen zu berücksichtigen. Diesem Anliegen wird es zudem dienen, vor dogmatischen Lehrentscheidungen und Lehräußerungen anderer Art in die Konsultation grundsätzlich die nicht-römisch-katholischen Kirchen und Gemeinschaften einzubeziehen, wie es auf dem II. Vaticanum anfanghaft mit der Einladung und Mitarbeit der Beobachter anderer christlicher Kirchen bereits geschah.

(276) Wenn der Horizont des universalkirchlichen Einheitsamtes die Gemeinschaft der Kirchen ist und dieses Amt innerhalb dieses Rahmens ausgeübt wird, dann können die Kirchen – „ganz offensichtlich miteinander", wie Johannes Paul II. es formulierte[211] – die möglichen Vorteile eines solchen Amtes entdecken. Es wird *communi consensu* ausgeübt werden müssen (UR 14). Frei von den Fesseln der überlieferten Gestalt kann eine völlig neue Form eines Petrusamtes in der *communio ecclesiarum* und für sie zusammen mit den anderen Kirchen gesucht werden. Würde sich der Inhaber des universalchristlichen Einheitsamtes dann an alle Christen und an die Bischöfe und Leiter anderer Kirchen wenden, dann könnte er wie Petrus im Geiste des Ersten Petrus-Briefes sprechen:

---

210 L'Osservatore Romano D v. 11.12.1998, 9.
211 UUS 95.

Eure Ältesten ermahne ich, da ich ein Ältester bin wie sie und ein Zeuge der Leiden Christi und auch an der Herrlichkeit teilhaben soll, die sich offenbaren wird: Sorgt als Hirten für die euch anvertraute Herde Gottes, nicht aus Zwang, sondern freiwillig, wie Gott es will; auch nicht aus Gewinnsucht, sondern aus Neigung; seid nicht Beherrscher eurer Gemeinden, sondern Vorbilder für die Herde! (1 Petr 5, 1–3; Einheitsübersetzung)

Abkürzungen

AAS	Acta Apostolicae Sedis, Città del Vaticano 1909 ff.
Antonianum	Periodicum philosophico-theologicum trimestre, Roma
ARCIC	Anglican-Roman Catholic International Commission
BSLK	Die Bekenntnisschriften der evangelisch-lutherischen Kirche, Göttingen [12]1998
CA	Confessio Augustana
CD	Vaticanum II, Christus Dominus. Decretum de pastorali episcoporum munere in Ecclesia
CIC	Codex Iuris Canonici
DBK	Deutsche Bischofskonferenz
DH	H. Denzinger, Kompendium der Glaubensbekenntnisse und kirchlichen Lehrentscheidungen, hrsg. P. Hünermann, Freiburg [40]2005
DV	Vaticanum II, Dei Verbum. Constitutio dogmatica de divina revelatione
DwÜ	H. Meyer u. a. (Hg.), Dokumente wachsender Übereinstimmung I-III, Paderborn/Frankfurt am Main [2]1991–2003
GS	Vaticanum II, Gaudium et spes. Constitutio pastoralis de Ecclesia in mundo huius temporis
LG	Vaticanum II, Lumen gentium. Constitutio dogmatica de Ecclesia
LThK	Lexikon für Theologie und Kirche
LWB	Lutherischer Weltbund
LWF	Lutheran World Federation
Mansi	Sanctorum conciliorum et decretorum collectio nova

191

ÖRK	Ökumenischer Rat der Kirchen
SC	Vaticanum II, Sacrosanctum Concilium. Constitutio de sacra liturgia
RSPhTh	Revue des sciences philosophiques et théologiques, Paris
STh	Thomas von Aquin, Summa Theologiae
TRE	Theologische Realenzyklopädie 1–36, 1977–2004
UR	Vaticanum II, Unitatis redintegratio. Decretum de oecumenismo
UUS	Enzyklika *Ut unum sint* von Papst Johannes Paul II.
VELKD	Vereinigte Evangelisch-Lutherische Kirche Deutschlands
WA	D. Martin Luthers Werke. Kritische Gesamtausgabe, Weimar 1883 ff [Weimarer Ausgabe] – WA Br. = Briefe
WCC	World Council of Churches

Mitglieder der Gruppe von Farfa Sabina

Lutherische Mitglieder:

Professor Torleiv Austad, Oslo, Norwegen
Professor André Birmelé, Straßburg, Frankreich
Professor Sven-Erik Brodd, Uppsala, Schweden
Professor Theodor Dieter, Straßburg, Frankreich
Professor Hans Gammeltoft-Hansen, Kopenhagen,
   Dänemark
Professor Harding Meyer, Straßburg, Frankreich
Professor Peder Nørgaard-Højen, Kopenhagen, Dänemark
   (Vorsitzender)

Katholische Mitglieder:

Professor Elena Bosetti, Modena, Italien
Professor Johannes Brosseder, Köln, Deutschland
Professor Werner Jeanrond, Lund, Schweden
   (nur 2. Sitzung)
Professor Hervé Legrand OP, Paris, Frankreich
Professor Hermann J. Pottmeyer, Bochum, Deutschland
Professor P. James Puglisi SA, Rom, Italien (Vorsitzender)
Professor Teresa Francesca Rossi, Rom, Italien
Professor Myriam Wijlens, Erfurt, Deutschland

Schriftführung:

Bente Guldsborg, M.Th., Kopenhagen, Dänemark

Sitzungen:

1. Farfa/Sabina: 3.–7. November 2005
2. Camaldoli/Napoli: 2.–5. November 2006
3. Farfa/Sabina: 31. Oktober – 4. November 2007
4. Farfa/Sabina: 29. Oktober – 2. November 2008
5. Farfa/Sabina: 4.–6. Mai 2009
6. Farfa/Sabina: 2.–4. November 2009

Redaktionsgruppe:

Professor Johannes Brosseder
Professor Theodor Dieter
Professor Peder Nørgaard-Højen
Professor Hermann J. Pottmeyer
Bente Guldsborg, M.Th.
Sitzungsort: Birgitten-Kloster in Bremen